Das Deutschbuch

Basistraining Berufsvorbereitung

Arbeitsheft

wiederholen – vertiefen – anwenden

Audios und Videos zum Arbeitsheft finden Sie hier:
www.cornelsen.de/webcodes **Code: sifepo**

Erarbeitet von
Kirsten-Alexandra Geißler, Iris Grutzeck, Martina Schulz-Hamann, Barbara Siebert,
Cornelia Trentl, Nicole Winkler, Stefanie Winklhofer

In Zusammenarbeit mit der Verlagsredaktion

Cornelsen

Projektleitung: Uta Kural
Redaktion: der springende punkt / Eva Hauck, Berlin
Gesamtgestaltung: LemmeDESIGN, Berlin
Foto (Cover): Shutterstock.com/Radachynskyi Serhii
Technische Umsetzung: STRAIVE

www.cornelsen.de

1. Auflage 2023

Druck: H. Heenemann, Berlin

ISBN 978-3-06-452399-9

PEFC
PEFC/04-31-1156

PEFC zertifiziert
Dieses Produkt stammt aus nachhaltig bewirtschafteten Wäldern und kontrollierten Quellen.

www.pefc.de

Dieses Arbeitsheft gehört

_____________________________ (mein Name)

_____________________________ (meine Klasse/mein Kurs)

_____________________________ (Schule/Institution)

Mein Stundenplan für das Fach Deutsch

	Montag	Dienstag	Mittwoch	Donnerstag	Freitag

Wichtige Termine für das Fach Deutsch

- _____________________________
- _____________________________
- _____________________________
- _____________________________
- _____________________________

INHALT

Lernen · Sprache/Kommunikation · Pragm. Texte · Literatur · Bewerbung

Lernen · Sprache/Kommunikation · Pragm. Texte · Literatur · Bewerbung

Hinweise zur Arbeit mit diesem Arbeitsheft

Dieses Arbeitsheft enthält 7 Bereiche mit insgesamt 50 kurzen Modulen.
Jeder Bereich beginnt mit einer Startseite **LOS!**
und endet mit einer Abschlussseite **ALLES KLAR?**.
Auf den Startseiten befinden sich Gruppenaufgaben, die Sie auf den Themenbereich neugierig machen.
Außerdem gibt es eine Übersicht zu den Modulen in diesem Bereich. Hier können Sie eintragen, wann Sie etwas bearbeitet haben.

Tragen Sie das Datum ein, wenn Sie die Seiten bearbeitet haben.

			○	●
Gedichte und Romane	**31**	Ein Gedicht kennenlernen	19.02.xx	21.02.xx
	32	Ein Gedicht verstehen		
	33	Einen Romananfang lesen		
	34	Einen Romananfang zusammenfassen		

Auf den Abschlussseiten gibt es Rätsel rund um die Fachwörter des Bereichs. Auch Ihre Kompetenzen können Sie einschätzen.

Schätzen Sie sich ein, wenn Sie die Seiten bearbeitet haben.

			Das kann ich gut	Das kann ich	Das kann ich teilweise	Das trainiere ich noch einmal
Gedichte und Romane	**31**	Ein Gedicht kennenlernen	✓			
	32	Ein Gedicht verstehen		✓		
	33	Einen Romananfang lesen			✓	
	34	Einen Romananfang zusammenfassen			✓	

○ Jedes Modul beginnt mit Basisseiten. Man erkennt sie an diesem Symbol.

● Dann folgt eine etwas schwierigere Seite, die man an diesem Symbol erkennt.

Aufgaben mit diesem Symbol sollen im eigenen Schreibheft gelöst werden.

So sind Aufgaben gekennzeichnet, die in einer Gruppe bearbeitet werden.

Hier gibt es Texte zu hören, manchmal auch zu lesen. Die Hörtexte können über den Webcode (siehe Seite 1) auf www.Cornelsen.de/codes/ abgerufen werden.
Dort gibt es auch kurze Videos mit Erklärungen zu Rechtschreibung und Grammatik.

Auf den Lösungsseiten sind neben den Lösungen für die Aufgaben auch die Hörtexte abgedruckt.

In diesem Arbeitsheft wurde auf geschlechtergerechte Sprache geachtet. Wenn nur eine grammatische Form verwendet wird, dient das der besseren Lesbarkeit.

WEGE ZUM LERNERFOLG: LOS!

„Hätte ich damals nur verstanden,
wie wichtig die schulische Ausbildung für meine Zukunft ist!“

Diesen Satz hört man oft von Erwachsenen, die in ihrem Beruf nicht vollkommen zufrieden sind.

Auch wenn Lernen durchaus manchmal mühsam ist: Machen Sie sich bewusst, dass Sie jetzt die Grundlage für Ihr Arbeitsleben legen.

1 Sehen Sie sich Bild und Zeitstrahl an. Was verdeutlichen sie?

bei durchschnittlicher Lebenserwartung von 80 Jahren

2 Miteinander lernen und allein lernen: Tauschen Sie sich über die Vorteile und Nachteile aus.

Mit diesen Inhalten beschäftigen Sie sich auf den folgenden Seiten.

Tragen Sie das Datum ein, wenn Sie die Seiten bearbeitet haben.

			○	●
Miteinander lernen	**1**	Klassenregeln für ein gutes Miteinander		
	2	Sich gut auf den Unterricht vorbereiten		
	3	Aktiv am Unterricht teilnehmen		
Allein lernen	**4**	Meinen Arbeitsplatz gestalten		
	5	Meine Lernzeit gut organisieren		
	6	Lernstrategien entwickeln		

Schätzen Sie Ihre Kompetenzen auf Seite 26 ein.

1 KLASSENREGELN FÜR EIN GUTES MITEINANDER

GUT ZU WISSEN

Regeln sind wichtig für das menschliche Zusammenleben. Auch in der Klasse sind sie nötig, um einen **geordneten** und **sicheren Rahmen** für alle herzustellen. Nur wenn sie eingehalten werden, können alle Schülerinnen und Schüler **störungsfrei lernen** und **gute Erfolge erzielen.**

1 Finden Sie sieben versteckte Begriffe, die für ein gutes Lernklima wichtig sind.

Die Wörter sind von links nach rechts und von oben nach unten versteckt. Umlaute sind mit zwei Buchstaben geschrieben.

P	F	L	I	C	H	T	B	E	W	U	S	S	T	S	E	I	N
G	O	O	Y	D	Z	C	H	R	D	R	P	K	A	A	T	I	M
D	R	M	S	T	O	L	E	R	A	N	Z	Y	H	U	X	S	V
T	D	G	Y	C	K	B	O	D	L	T	M	T	C	B	K	N	O
G	N	E	U	E	Y	X	P	P	K	H	I	K	A	E	L	L	C
Z	U	S	A	M	M	E	N	A	R	B	E	I	T	R	L	R	T
K	N	G	J	R	Y	R	I	C	M	K	G	X	Y	K	Z	F	X
A	G	J	P	U	E	N	K	T	L	I	C	H	K	E	I	T	Y
R	A	Q	M	F	T	I	A	M	E	H	F	P	T	I	J	Z	H
R	Z	D	V	W	C	R	E	R	K	E	K	F	S	T	A	J	Y
U	N	F	I	Z	A	M	O	T	I	V	A	T	I	O	N	M	C

2 Ergänzen Sie die folgenden Sätze mit den Begriffen aus Aufgabe 1.

1 ______________________ ist wichtig, damit man keine Unterrichtszeit verpasst.

2 Ohne ______________________ ist es schwierig, die benötigten Unterrichtsmaterialien zu finden.

3 Wenn alle die ______________________ haben, etwas zu lernen, erzielen sie bessere Erfolge.

4 Jeder muss auf ______________________ achten und seinen Müll entsorgen.

5 Die Klassendienste müssen mit ______________________ erledigt werden.

6 Das Miteinander ist wichtig. Die ______________________ mit anderen kann uns beim Lösen so mancher Aufgabe helfen.

7 Wir müssen der Meinung von Mitschülern mit ______________________ begegnen.

3 **Schreiben Sie die folgenden Verbote in positiv formulierte Regeln um.**

Beispiel Ich darf das Eigentum der Schule oder meiner Mitschüler nicht beschädigen.

Ich gehe sorgfältig mit dem Eigentum der Schule und meiner Mitschüler um.

1 Sobald die Lehrkraft das Klassenzimmer betritt, darf ich mich nicht mehr privat unterhalten.

2 Ich darf andere auch bei falschen Antworten nicht respektlos auslachen.

3 Ich darf nicht sprechen, wenn mich die Lehrkraft nicht aufgerufen hat.

4 Ich darf während des Unterrichts nicht unaufmerksam sein oder herumlaufen.

5 Ich darf nicht zu spät kommen.

6 Ich darf meine Hausaufgaben und mein benötigtes Material nicht vergessen.

1 KLASSENREGELN FÜR EIN GUTES MITEINANDER

1 **Lesen Sie noch einmal GUT ZU WISSEN auf Seite 8 und diskutieren Sie gemeinsam, welche Regeln für Ihre Klasse besonders wichtig sind.**

2 **Schreiben Sie die Regeln auf, die für Sie am wichtigsten sind, und begründen Sie Ihre Meinung.**

Am wichtigsten ist für mich, dass ______________________________

____

weil ______________________________

Außerdem halte ich es für erforderlich, dass ______________________________

____

weil ______________________________

3 **Welche zwei weiteren Regeln brauchen Sie und Ihre Klasse für ein angenehmes Lernklima? Formulieren Sie die Regeln aus der Ich-Perspektive und schreiben Sie jeweils eine kurze Begründung.**

____

____

____

____

____

____

____

____

4 **Wie können Sie Mitschülerinnen und Mitschüler höflich auf die Einhaltung der Regeln hinweisen? Finden Sie passende Satzanfänge.**

1 ______________________________, wenn du während des Unterrichts ein bisschen leiser sein könntest.

2 ______________________________, dass du deinen Müll wegwirfst.

GUT ZU WISSEN

Eine **gewissenhafte Vorbereitung** auf den Unterricht ist wichtig, um gute Lernerfolge zu erzielen. Dazu gehört sowohl eine **ordentliche Ordnerführung** als auch das Erledigen der **Hausaufgaben** und das Einpacken aller **benötigten Unterlagen und Materialien** für den nächsten Schultag. Schließlich muss auch der **Wecker** rechtzeitig gestellt, die **Kleidung** bereitgelegt, das **Pausenbrot** vorbereitet und der **Schulweg** geplant werden, damit man pünktlich in den Unterricht kommt. Um aufmerksam am Unterricht teilnehmen zu können, ist es auch wichtig, nicht zu spät ins **Bett** zu gehen.

1 Füllen Sie das Kreuzworträtsel mit den passenden Begriffen aus.

Umlaute werden mit zwei Buchstaben geschrieben. Die Buchstaben in den gelben Feldern ergeben das Lösungswort.

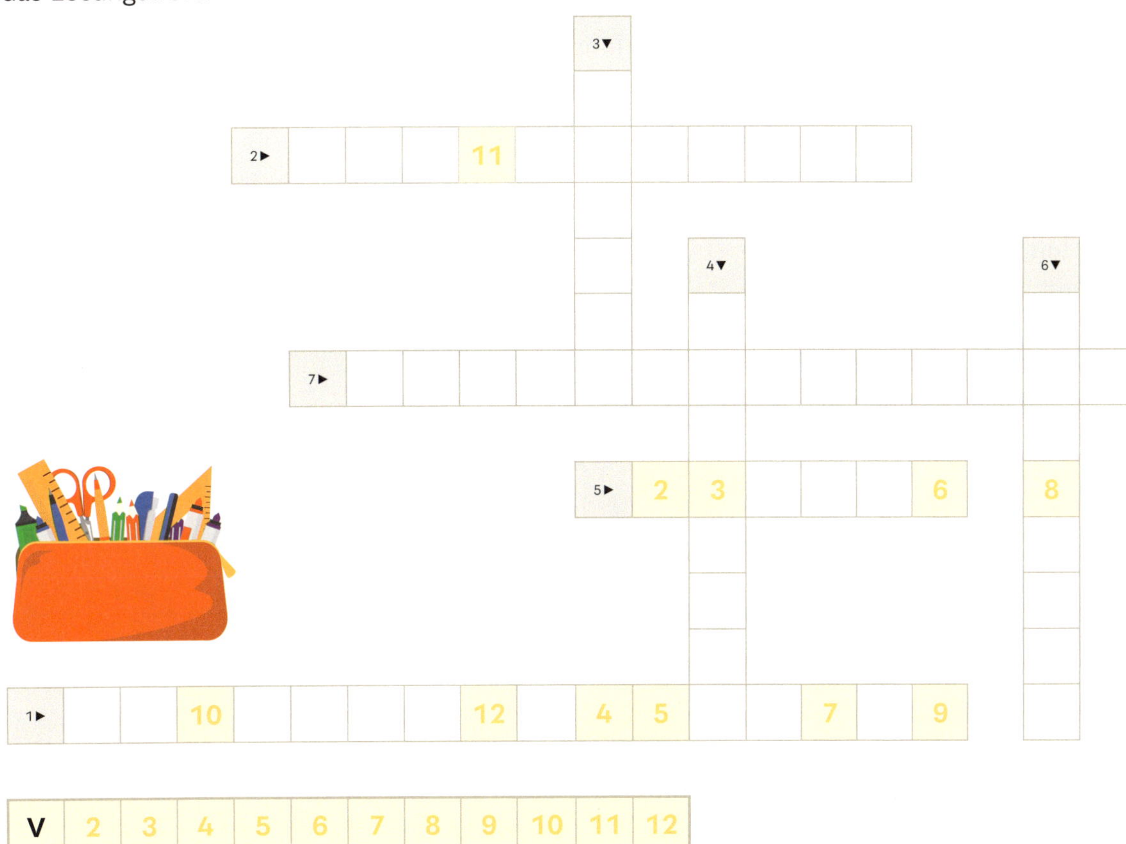

1 Was hilft Ihnen dabei, keine Hausaufgaben zu vergessen?
2 Worauf sehen Sie, welche Fächer Sie morgen in der Schule haben?
3 Was ist nützlich, um rechtzeitig aufzustehen?
4 Wovon kann man die passenden Bus- oder Zugverbindungen ablesen?
5 Worin heften Sie alle Ihre Unterlagen ab?
6 Was hilft Ihnen bei der Einteilung des Ordners?
7 Worin transportiert man die benötigten Stifte?

2 **A Lesen Sie den Text.**

Ein Tag im Leben von Leonie

Leonie ist gerade von der Schule nach Hause gekommen. Sie stellt ihre Schultasche in die Ecke und bereitet sich ein Mittagessen zu. Nach dem Essen legt sie sich auf die Couch und schaltet den Fernseher ein. Kurz darauf ist sie eingeschlafen. Ein paar Stunden später wird sie vom Anruf ihrer Freundin geweckt. Sie verabredet sich mit ihr zu einem Spaziergang in der Stadt. Um ihre Hausaufgaben könne sie sich auch später kümmern, denkt sie. Sie treffen ein paar Freunde und es wird ein lustiger Nachmittag. Um 20 Uhr kommt sie nach Hause zurück. Sie isst zu Abend und checkt nebenbei ihre sozialen Netzwerke am Handy. Dabei stolpert sie über ein Handyspiel und versucht, den Highscore zu knacken. Dazu legt sie sich wieder auf die Couch und schläft gegen 24 Uhr ein.

Als sie wach wird, ist es draußen schon hell. Sie erschrickt, als sie auf die Uhr sieht: 7:55 ist dort zu lesen. Gleich geht die Schule los! Frühstück fällt heute also aus. Nachdem sie nach längerer Suche in ihrem Kleiderschrank endlich etwas Passendes zum Anziehen gefunden hat, nimmt sie ihre Schultasche und läuft zur Bushaltestelle. Als sie nachschauen will, wann der nächste Bus kommt, bemerkt sie, dass ihr Handy-Akku leer ist.

Kurz vor der Pause kommt sie schließlich in der Schule an. Ihr Lehrer ist verärgert, weil sie schon wieder zu spät kommt. Sie hat Hunger, aber weder Pausenbrot noch Geld dabei. Nach der Pause hat ihre Klasse Deutsch. Leonies Arbeitsbuch liegt zu Hause, die Hausaufgaben hat sie nicht erledigt, da sie gestern keine Zeit hatte und außerdem gar nicht mehr weiß, was sie aufhatten. Nach der zweiten Ermahnung fühlt sich Leonie unwohl und hat gar keine Lust mehr auf Schule.

B Unterstreichen Sie alles, was Leonie falsch macht und was dazu führt, dass sie am nächsten Tag unvorbereitet in den Unterricht kommt.

C Besprechen Sie gemeinsam Ihre Ergebnisse. Wie könnte Leonie ihren Tagesablauf besser gestalten?

2 SICH GUT AUF DEN UNTERRICHT VORBEREITEN

1 **Lesen Sie noch einmal GUT ZU WISSEN auf Seite 11. Geben Sie einer Mitschülerin oder einem Mitschüler anschließend Tipps, wie man sich gut auf den Unterricht vorbereiten kann.**

Verwenden Sie dabei die folgenden Stichpunkte:

Hausaufgabenheft führen • Hausaufgaben erledigen • Stundenplan beachten • Zeit einteilen • Schultasche packen • Frühstück/Pausenbrot vorbereiten • Kleidung herrichten • Handy laden • Fahrplan studieren • Wecker stellen • Schlafenszeit einhalten

2 **Überdenken Sie Ihre eigene Unterrichtsvorbereitung und ordnen Sie die Stichpunkte aus Aufgabe 1 in die folgende Tabelle ein.**

Mache ich regelmäßig	Mache ich meistens	Mache ich (noch) nicht

3 AKTIV AM UNTERRICHT TEILNEHMEN

GUT ZU WISSEN

Aktive Unterrichtsbeteiligung bedeutet, dass man sich während des Unterrichts intensiv mit dem jeweiligen Lehrstoff auseinandersetzt. Dazu gehört es, **aufmerksam zu sein**, sich wichtige Informationen **stichpunktartig mitzuschreiben**, sich zu **melden** und **Fragen der Lehrkraft zu beantworten** sowie die gestellten **Aufgaben zu bearbeiten.** Wenn **Fragen** aufkommen, sollte man sie sofort **stellen.** So **spart** man sich zu Hause eine Menge **Zeit** bei der Prüfungsvorbereitung. Außerdem trägt eine gute mündliche Mitarbeit oft **positiv** zur **Note** bei.

1 Verbinden Sie die Satzanfänge mit den jeweils passenden Enden.

Ich frage gleich nach,	kann ich im Unterricht viel mehr lernen.
Im Unterricht gut mitzuarbeiten,	wenn ich im Unterricht gut aufgepasst habe.
Durch eine aktive Mitarbeit	melde ich mich und erzähle es allen.
Eine falsche Antwort zu geben,	muss mir nicht peinlich sein.
Wenn ich etwas zu einem Thema weiß,	wenn ich etwas nicht verstehe.
Ich muss für Prüfungen zu Hause weniger lernen,	wird oft mit einer guten Note belohnt.

2 Wochenaufgabe: Nehmen Sie sich vor, die folgenden Punkte im Laufe der Woche zu erledigen. Haken Sie erledigte Punkte ab.

- [ ] Ich melde mich in einer Unterrichtsstunde mindestens drei Mal.
- [ ] Ich übernehme freiwillig das Vorstellen einer Lösung.
- [ ] Ich bin während eines Vormittags besonders aufmerksam und schweife nicht mit meinen Gedanken ab.
- [ ] Ich suche im Internet oder der Bibliothek weiterführende Informationen zu einem im Unterricht besprochenen Thema.

3 Haben Sie weitere gute Vorsätze? Notieren Sie sie.

____

____

4 **A** **Notizen machen ist wichtig. Schließen Sie Ihr Arbeitsheft und hören Sie den kurzen Text an. Machen Sie sich dabei stichpunktartig Notizen zum Inhalt. Vergessen Sie Datum und Überschrift (Seite, Aufgabe) nicht.**

B **Beantworten Sie nun die Fragen zum Hörtext mithilfe Ihrer Notizen in ganzen Sätzen.**

1 An welchem Tag spielt die Kurzgeschichte? ______

2 Welche Ferien stehen bevor? ______

3 Auf welche Aktivität freut sich Leonie? ______

4 Was will sie sich mit ihren Freundinnen kaufen? ______

5 Was muss sie schließlich verkaufen? ______

6 Wie viele Personen aus der Klasse helfen auf dem Weihnachtsmarkt? ______

7 Was lernt Leonie aus dem Vorfall? ______

5 **Manchmal muss man sich in der Schule für etwas entschuldigen. Erstellen Sie aus den Stichpunkten begründete Sätze.**

Beispiel Hausaufgabe nicht gemacht – Buch vergessen

Ich konnte meine Hausaufgabe nicht machen, weil ich mein Buch in der Schule vergessen hatte.

1 nach der Pause gehen – Arzttermin

______

2 nicht aufgepasst – Sitznachbarn Aufgabe erklärt

______

______

3 zu spät gekommen – Fahrrad kaputt

______

______

1 **Lesen Sie noch einmal GUT ZU WISSEN auf Seite 14. Notieren Sie stichpunktartig an den Ecken des Sterns Aktivitäten, die zur Unterrichtsbeteiligung gehören.**

2 **Überlegen Sie gemeinsam, welche Vor- und Nachteile Mitarbeitsnoten haben. Legen Sie eine Tabelle wie die folgende an.**

+	–

3 **Ergänzen Sie den Lückentext.**

„Reicht es nicht, wenn ich anwesend bin?"

Nicht nur ____________ [1] zu sein, sondern sich aktiv am Unterricht zu ____________ [2], hat viele Vorteile. Wenn man sich ____________ [3] macht, während die Lehrkraft etwas erklärt, kann man später noch einmal nachlesen. Außerdem hat man im Unterricht die ____________ [4], sofort nachzufragen, wenn man etwas nicht ____________ [5] hat. Wer mitdenkt, die Fragen der Lehrkraft zu ____________ [6] versucht und die gestellten ____________ [7] sorgfältig bearbeitet, hat den Unterrichtsstoff oft schon ____________ [8] und spart sich zu Hause viel ____________ [9] bei der Prüfungsvorbereitung. Außerdem wird eine aktive ____________ [10] oft mit einer guten Note belohnt.

GUT ZU WISSEN

Um erfolgreich für die Schule arbeiten und lernen zu können, sollte man sich eine **angenehme Lernatmosphäre** schaffen. Dazu gehört die Auswahl eines Platzes mit **passender Schreib- und Sitzhöhe, guter Beleuchtung** sowie **angenehmer Raumtemperatur.** Wichtig ist auch, dass man alle möglichen **Störquellen** wie Handy und Fernseher **ausschaltet**, **unnötige Dinge** vom Schreibtisch **entfernt** und sich die benötigten **Materialien geordnet bereitlegt.** Schließlich sollte man vor dem Lernen noch einmal **lüften** und in **bequemer Kleidung** sowie ausreichend **gesättigt** damit beginnen.

1 Ergänzen Sie die Tipps für eine angenehme Lernatmosphäre mit den passenden Worten, indem Sie die Buchstaben in die richtige Reihenfolge bringen.

1 Suche dir einen ____________ (aPzlt), an dem du möglichst ____________ (nöeugrstt) lernen kannst!	☐
2 Stuhl und Tisch sollten die richtige ____________ (eHhö) haben: Deine ____________ (eerrmnatU) sollten locker auf dem Tisch liegen können, in ____________ (schiremildB) schaut man am besten waagerecht.	☐
3 Achte auf genügend ____________ (iLcht)! Es sollte so einfallen, dass deine Hand beim Schreiben keinen ____________ (nSchetta) wirft.	☐
4 Entferne nicht ____________ (eteiöbntg) Dinge von deinem Tisch, damit du genügend Platz hast und nicht ____________ (egbelnkat) wirst.	☐
5 Lege dir alle benötigten ____________ (aeMnierltia) bereit!	☐
6 Schalte dein ____________ (dynaH) und den ____________ (eehFsenrr) ab!	☐
7 ____________ (eütfL) vor dem Lernen noch einmal!	☐
8 Stelle dir ein ____________ (eäGnktr) bereit!	☐

2 Überprüfen Sie Ihren Arbeitsplatz anhand der Tipps in Aufgabe 1 und verändern Sie ihn, falls nötig. Haken Sie befolgte Tipps ab.

3 **Markieren Sie die fünf Gegenstände, die sich beim Lernen auf dem Schreibtisch befinden sollten, in Grün, die anderen fünf, die dort nicht hingehören, in Rot.**

Die Wörter sind von links nach rechts und von oben nach unten versteckt. Umlaute sind mit zwei Buchstaben geschrieben.

N	O	P	U	F	I	N	G	E	R	N	A	G	E	L	L	A	C	K	G
X	Q	R	I	W	C	B	L	O	C	K	Z	T	J	Y	W	R	A	C	D
R	N	A	M	O	I	I	P	A	T	Q	H	V	J	B	K	B	Y	A	M
A	U	R	W	R	G	X	M	T	A	S	H	A	N	D	Y	E	Z	Y	U
B	P	Q	M	D	E	P	U	A	W	K	Q	U	M	D	O	I	N	Z	S
S	U	Z	L	N	T	T	L	G	X	A	A	V	C	G	H	T	M	I	I
K	F	E	D	E	R	M	A	E	P	P	C	H	E	N	P	S	B	P	K
V	S	S	N	R	A	G	V	B	V	P	D	C	N	Y	C	H	S	L	B
Y	R	Z	A	N	E	U	X	U	G	E	A	D	A	D	N	E	Q	C	O
D	Q	G	I	M	N	T	Q	C	V	V	T	I	A	B	J	F	S	C	X
V	C	A	E	R	K	N	Q	H	H	S	F	A	B	C	Y	T	R	Y	H

4 **Zu einer angenehmen Lernatmosphäre gehört auch, alle Unterlagen sortiert bereitliegen zu haben. Überlegen Sie sich passende Beschriftungen für die Register Ihres Ordners.**

- ________________
- ________________
- ________________
- ________________
- ________________
- ________________
- ________________
- ________________
- ________________
- ________________

5 **Erstellen Sie aus den folgenden Wörtern einen sinnvollen Satz.**

> ~~Arbeitsblätter~~ • hinter • immer • sie • gleich • gelocht • dem • abgeheftet • müssen • jeweiligen • ~~damit~~ • werden • findet • Register • schnell • und • man

Arbeitsblätter ________________

________________ ,

damit ________________

4 MEINEN ARBEITSPLATZ GESTALTEN

1 **Lesen Sie noch einmal GUT ZU WISSEN auf Seite 17. Ergänzen Sie anschließend die folgenden Sätze.**

1 Eine passende Schreib- und Sitzhöhe ist wichtig, damit ____________________

____

2 Eine gute Beleuchtung brauche ich, weil ____________________

____

3 Der Raum sollte eine angenehme Temperatur haben, damit ____________________

____

4 Handy und Fernseher sollte ich ausschalten, weil ____________________

____

5 Der Tisch sollte frei von unnötigen Gegenständen sein, damit ____________________

____

6 Die Materialien, die ich zum Lernen brauche, sollten bereitliegen, weil ____________________

____

7 Vor dem Lernen zu lüften ist gut, damit ____________________

____

8 Bequeme Kleidung ist wichtig, weil ____________________

____

9 Ich sollte keinen Hunger haben, damit ____________________

____

2 **Überlegen Sie sich gemeinsam zwei weitere Tipps für eine angenehme Lernatmosphäre.**

Tipp 1: ____________________

____

____

5 MEINE LERNZEIT GUT ORGANISIEREN

GUT ZU WISSEN

Um für eine Prüfung **gut vorbereitet** zu sein, muss man seine **Lernzeit organisieren.** Das gilt für alle Arten von Prüfungen: in der Schule, für den Führerschein, in der Ausbildung. Dabei hilft es, sich **rechtzeitig** einen Überblick über den Stoff zu verschaffen und einen **Lernplan** zu erstellen. Die benötigte **Zeit** sollte dafür **passend eingeschätzt** werden und man sollte **nicht zu lange Einheiten am Stück** einplanen. **Pausen,** wichtige **Termine,** die **Stundenvorbereitung** für den nächsten Schultag sowie **Wiederholungszeiten** müssen berücksichtigt werden. Schließlich sollte man den eigenen **Biorhythmus** beachten und **geeignete Uhrzeiten** für die Prüfungsvorbereitung wählen.

1 Bringen Sie die Schritte für die Organisation Ihrer Prüfungsvorbereitung in die richtige Reihenfolge. Ordnen Sie den Schritten die jeweilige Nummer (1–5) zu.

- ☐ Zusammenstellen der zu lernenden Unterlagen
- ☐ Eintragen des Prüfungstermins in einen Kalender
- ☐ Wiederholen des gelernten Stoffs
- ☐ Erstellung eines Lernplans
- ☐ Lernen der Inhalte in kleinen Portionen

2 Markieren Sie die folgenden Aufgaben rot (sehr wichtig und sehr dringend), gelb (wichtig, aber nicht so dringend) oder grün (weder besonders wichtig noch dringend).

- meine Schultasche für den morgigen Tag vorbereiten
- meine Freundin anrufen und ihr von meinem Wochenende erzählen
- das Referat fertigstellen, das ich in einem Monat halten muss
- in meinem Hausaufgabenheft kontrollieren, ob ich alle Aufgaben für morgen erledigt habe
- den Elternbrief unterschreiben lassen, den ich spätestens morgen in der Schule abgeben muss
- nachsehen, ob jemand von meinen Freunden eine neue Story gepostet hat
- den neuen Film im Kino ansehen
- mir einen Schlafsack für den Urlaub in den Sommerferien kaufen
- einen Lernplan für den Test nächste Woche erstellen
- die Möbel in meinem Zimmer umstellen
- einen Termin für die Vorsorgeuntersuchung beim Zahnarzt vereinbaren

3 Vergleichen Sie Ihre rot markierten Aufgaben.

4 Notieren Sie eine Woche lang in der folgenden Tabelle, wie viel Zeit Sie mit den jeweiligen Beschäftigungen verbringen. Ergänzen Sie die beiden leeren Spalten mit Ihren persönlichen „Zeitfressern".

	Fernsehen/ Streamen	Social Media	Handy-/ Computer-spiele	______	______
Montag	______ min	______ min	______ min	______ min	______ min
Dienstag	______ min	______ min	______ min	______ min	______ min
Mittwoch	______ min	______ min	______ min	______ min	______ min
Donnerstag	______ min	______ min	______ min	______ min	______ min
Freitag	______ min	______ min	______ min	______ min	______ min
Samstag	______ min	______ min	______ min	______ min	______ min
Sonntag	______ min	______ min	______ min	______ min	______ min

5 Werten Sie Ihre Zeitaufstellung zu zweit aus. Wo lässt sich Zeit einsparen?

6 Pausen helfen beim Lernen. Streichen Sie die Tätigkeiten durch, die für Lernpausen ungeeignet sind.

Musik hören | einen Tee trinken | einen kleinen Spaziergang machen | einen Apfel essen | eine Runde laufen gehen | einen kurzen Powernap einlegen | den Highscore in meinem Computerspiel knacken | duschen | die Hausaufgaben für den nächsten Tag erledigen | einen Serienmarathon starten

7 Notieren Sie begründete Sätze, warum die von Ihnen gestrichenen Aktivitäten für Lernpausen nicht zu empfehlen sind.

Beispiel: Es ist nicht zu empfehlen, in der Lernpause einen Serienmarathon zu starten, weil das zu lange dauert und sich die Augen von ihrer Anstrengung beim Lernen nicht erholen können.

1 Lesen Sie noch einmal GUT ZU WISSEN auf Seite 20. Sammeln Sie dann in einer Mindmap, was Ihnen zum Thema Biorhythmus einfällt.

2 A Lesen Sie den folgenden Text.

Lerchen und Eulen

Wir Menschen besitzen wie die meisten anderen Lebewesen von Natur aus eine „innere Uhr“. Deshalb sind wir tagsüber meist wach und schlafen in der Nacht. Dennoch gibt es Unterschiede in unserem Biorhythmus. Manche Menschen stehen gerne früh am Morgen auf und gehen dafür eher ins Bett als andere. Man bezeichnet sie nach den tagaktiven Singvögeln als „Lerchen“. Anderen fällt das Aufstehen am Morgen schwerer. Sie sind dafür bis spät in die Nacht hinein aktiv – genau wie Eulen, weshalb diese Menschen „Eulen“ genannt werden. Die meisten Menschen würden sich weder als ausgeprägte Morgen- noch Abendtypen bezeichnen – man nennt sie „Normaltypen“. Diese Muster sind nicht von Geburt bis zum Lebensende starr festgelegt, sondern können sich durchaus während unseres Lebens verändern.

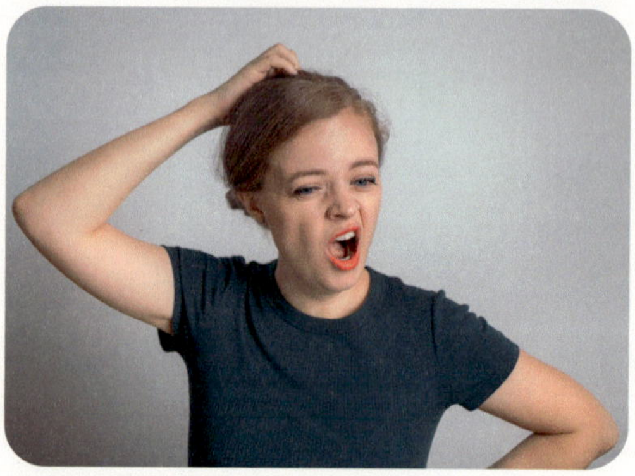

So haben Menschen auch ganz individuelle Leistungskurven, können sich also zu verschiedenen Uhrzeiten besser oder schlechter konzentrieren. Die meisten sind tagsüber – vor allem zwischen 9 und 11 Uhr – leistungsfähiger, während sich nach dem Mittagessen ein Leistungstief einstellt und die Arbeitsleistung ab 19 Uhr abnimmt – bei ausgeprägten „Lerchen“ oder „Eulen“ können sich diese Zeiten nach vorne oder hinten verschieben.

B Welche drei verschiedenen Biorhythmus-Typen gibt es? Markieren Sie diese im Text und notieren Sie die Bezeichnungen.

____________	____________	____________

C Stehen Sie gerne früh auf? Markieren Sie in Aufgabe B, welcher Typ Sie sind.

D Was bedeutet dies für Ihren persönlichen Zeitplan für die Prüfungsvorbereitung? Ergänzen Sie den Satz.

Wenn möglich, sollte ich meine Lernphasen vor allem zwischen _____ und _____ Uhr einplanen.

E Überprüfen Sie bei der nächsten Prüfungsvorbereitung, ob Ihnen das Lernen zu dieser Zeit tatsächlich leichterfällt.

GUT ZU WISSEN

Für ein **gutes Lernergebnis** muss man **Strategien** entwickeln, wie man Wissen am besten **erwerben** und **behalten** kann. Je nach **Lerntyp** und **Stoff** können diese Strategien sehr **unterschiedlich** sein und müssen individuell erarbeitet werden. Manchen hilft das Schreiben von **Zusammenfassungen, Spickzetteln** oder **Karteikarten** zum Aneignen von Wissen, andere erstellen lieber **Mindmaps,** erfinden **Eselsbrücken** und **Merksätze,** bevorzugen das Lernen mithilfe von **Lern-Apps** oder das gemeinsame Wiederholen des Stoffs in **Lerngruppen.** Alle **Hilfsmittel** sind erlaubt – Hauptsache, der Stoff sitzt am Ende!

1 **Markieren Sie die zusammengehörigen Wortteile in der jeweils gleichen Farbe.**

Spick- | Mind- | Kartei- | Zusammen- | Esels- | Lern- | Lern- | Merk-

gruppen | fassungen | Apps | maps | brücken | zettel | karten | sätze

2 **Ergänzen Sie die folgenden Sätze mit den passenden Hilfsmitteln aus Aufgabe 1.**

Hilfsmittel

________________[1] sind bildliche Darstellungen und können durch ihre Verzweigungen einen guten Überblick über das Thema schaffen. Beim Erstellen von ________________[2] reduziert man den Stoff auf das Wesentliche, sodass man am Ende nur noch wenige Blätter zum Lernen vor sich hat. Auf ________________[3] schreibt man auf einer Seite eine Frage, auf die andere die wichtigsten Stichwörter zur Lösung. Man kann sich damit selbst abfragen und auch unterwegs lernen. Zu vielen Themen gibt es mittlerweile ________________[4], die man auf sein Handy laden kann. Meist beinhalten sie verschiedene Übungen und Fragen zum jeweiligen Stoff. ________________[5] dürfen bei Prüfungen selbst natürlich nicht verwendet werden. Zur Prüfungsvorbereitung eignen sie sich aber, da man dort nur die Inhalte notiert, die man noch nicht im Kopf hat. In ________________[6] kann der Stoff gemeinsam besprochen und geübt werden. ________________[7] werden oft auch als ________________[8] bezeichnet.

3 **Lesen Sie die folgenden Eselsbrücken und erklären Sie in Stichpunkten, welche Inhalte sie vermitteln wollen. Recherchieren Sie dazu auch im Internet.**

1 Nach „am“, „ans“, „vom“, „zum“ und „beim“ schreib Verben niemals klein!

___

2 Im Frühling stellt man die Gartenmöbel **vor** die Tür, im Herbst **zurück**.

___

3 **N**ie **o**hne **S**eife **w**aschen!

___

4 Zei**t** = sei**t**

___

4 **Notieren Sie drei weitere Eselsbrücken. Erklären Sie deren Bedeutung in Stichpunkten.**

5 **Formulieren Sie Tipps für das Erstellen von Zusammenfassungen.**

auf • Informationen • aus • wichtigste • beschränken • Text

Beschränke dich auf die wichtigsten Informationen aus dem Text!

Stichpunkte • sinnvoll • aufschreiben • nur

___

um • Farben • benutzen • unterschiedlich • Zusammenhänge • markieren

___

zum • Beispiel • Symbole • wie • verwenden • Folgepfeile

___

1 Lesen Sie noch einmal GUT ZU WISSEN auf Seite 23.

2 Ergänzen Sie die Mindmap zu Ihren Lernstrategien – auch mit Ihren eigenen Ideen sowie Lern-Apps, die Sie bereits benutzen.

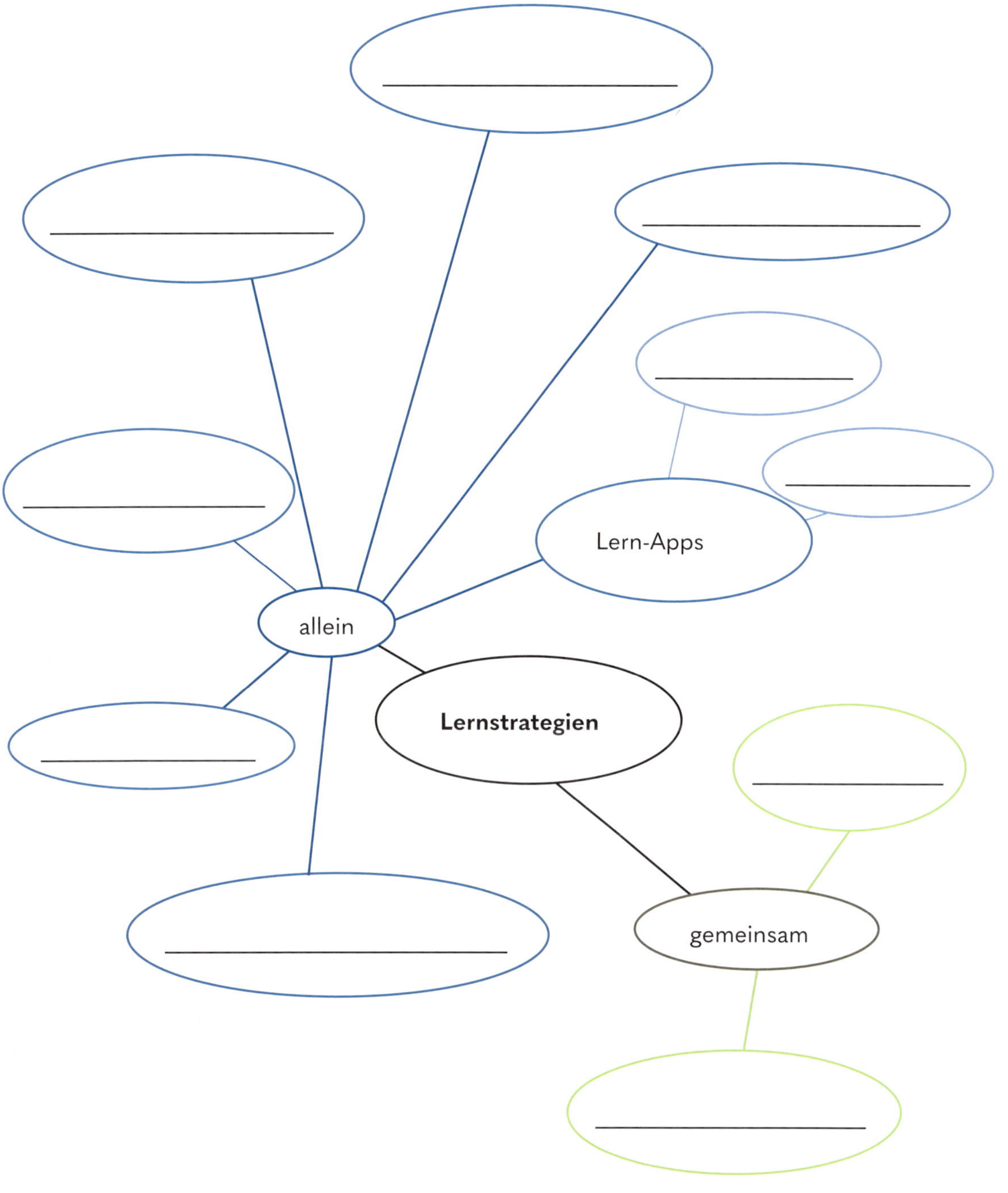

3 Erklären Sie sich gegenseitig Ihre Lernstrategien mithilfe der Mindmap.

4 Stellen Sie die von Ihnen genutzten Lern-Apps vor. Machen Sie sich vorher Notizen dazu.

____

WEGE ZUM LERNERFOLG: ALLES KLAR?

1 **Finden Sie den Lösungsatz. Die Buchstaben in den gelben Zahlfeldern ergeben die gesuchte Lösung.**

1 Was ist wichtig für ein gutes Miteinander in der Klasse?
2 Worin hefte ich alle Unterlagen ab?
3 Was trägt oft zu einer positiven Note bei?
4 Was sollte man vor dem Lernen ausschalten?
5 Was muss man rechtzeitig vor einer Prüfung erstellen?
6 Worauf kann ich meinen Lernstoff zum Wiederholen schreiben?

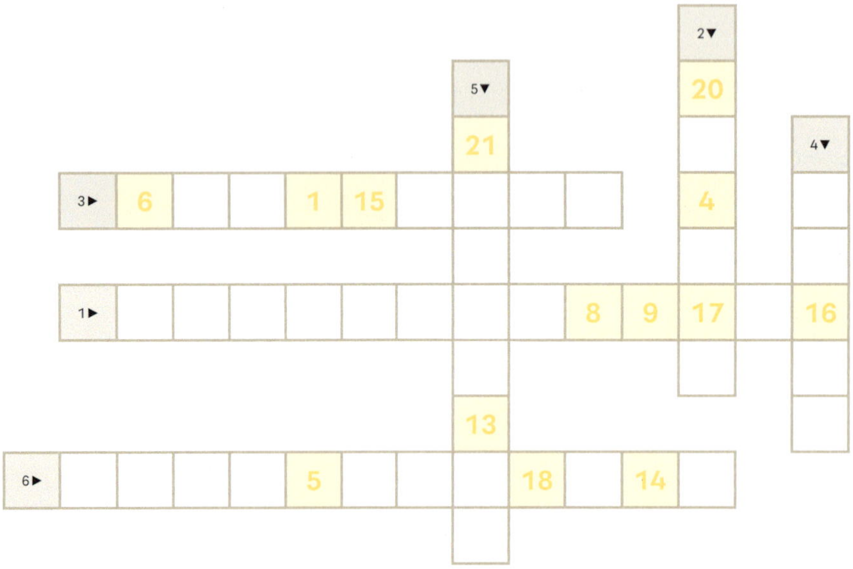

1	U	F		4	5	6		W	8	9		Z	U	M
13	14	15	16	17	18	F	20	21	G	!				

Schätzen Sie sich ein, wenn Sie die Seiten bearbeitet haben.			Das kann ich gut	Das kann ich	Das kann ich teil-weise	Das trainiere ich noch einmal
Miteinander lernen	**1**	Klassenregeln für ein gutes Miteinander				
	2	Sich gut auf den Unterricht vorbereiten				
	3	Aktiv am Unterricht teilnehmen				
Allein lernen	**4**	Meinen Arbeitsplatz gestalten				
	5	Meine Lernzeit gut organisieren				
	6	Lernstrategien entwickeln				

KOMMUNIKATION: LOS!

„Handlung wird allgemein besser verstanden als Worte.
Das Zucken einer Augenbraue, und sei es noch so unscheinbar,
kann mehr ausdrücken als hundert Worte."

(Charlie Chaplin)

Wir alle kommunizieren jeden Tag – wir tun dies aber nicht nur mit Worten, auch unsere Ohren, Augen und Hände helfen uns bei der Verständigung mit anderen. Auch unsere Erscheinung, Kleidung, Körperhaltung und der Blick sagen etwas über uns aus.

1 **Drücken Sie unterschiedliche Gefühle nur mit Ihrer Mimik aus und lassen Sie sie erraten.**

2 **Überlegen und diskutieren Sie, was wirkungsvoller ist: die Worte, die man sagt, oder die Art, wie man sie sagt?**

Mit diesen Inhalten beschäftigen Sie sich auf den folgenden Seiten.

Tragen Sie das Datum ein, wenn Sie die Seiten bearbeitet haben.

			○	●
Miteinander sprechen	**7**	Miteinander kommunizieren		
	8	Sich selbst vorstellen		
	9	Situationsgerecht kommunizieren		
	10	Informationen weitergeben		
Die eigene Meinung äußern	**11**	Den eigenen Standpunkt gut vertreten		
	12	Sachlich diskutieren		
	13	Konflikte vermeiden		

Schätzen Sie Ihre Kompetenzen auf Seite 50 ein.

7 MITEINANDER KOMMUNIZIEREN

GUT ZU WISSEN

Kommunikation heißt, miteinander zu sprechen, **Informationen** auszutauschen, sich durch **Sprache (Stimme), Gestik** und **Mimik zu verständigen.** Man kann auch sagen, Kommunikation bedeutet, dass ein Sender einem Empfänger eine Botschaft schickt.
Dies geschieht durch:
– **verbale Kommunikation** (gesprochene Worte mitsamt Lautstärke, Tonfall, Betonung, Satzbau, Satzlänge, Wortwahl und Inhalt des Gesagten) und
– **nonverbale Kommunikation** (**Gestik** und **Mimik, Haltung** und **Körpersprache**).
Aber selbst wenn die Sprecher dieselbe Sprache beherrschen, gelingt die Verständigung nicht immer. Oft gibt es **Kommunikationsstörungen,** also Missverständnisse zwischen den Sprechenden. Je besser man die Sprache (verbale Kommunikation) beherrscht und je genauer man die Regeln für Verhalten und Gesten (nonverbale Kommunikation) kennt, umso klarer und effektiver kann man kommunizieren.

1 **Schlagen Sie folgende Begriffe aus GUT ZU WISSEN nach und schreiben Sie eine kurze Erläuterung.**

Gestik und Mimik	*Mimik = Gesichtsausdruck, Gestik = Handbewegungen*
Botschaft/Nachricht	
nonverbal	
verbal	
Körpersprache	

2 **Drücken Sie die folgenden Begriffe nur nonverbal durch Körpersprache, Mimik und Gestik aus. Ihre Mitschüler raten, was Sie darstellen.**

Freude • Angst • Trauer • Schmerz • Erstaunen • Unwissen • Neugier • Begeisterung • Ablehnung • Ekel

3 **Notieren Sie kurze Sätze, die zu Ihrer dargestellten Körpersprache passen (Aufgabe 2).**

Beispiel Die Aussage „Oh, wie schön!“ wird durch das In-die-Hände-Klatschen noch betont.

4 **Überlegen Sie gemeinsam: Welche Mimik und Gestik ist für alle (international) verständlich? Für welche Zeichen benutzen Sie Ihre Hände? Was drücken Sie hauptsächlich mit dem Gesicht (Mundwinkel) aus?**

5 **Vervollständigen Sie die Sätze sinnvoll.**

Sender • Auslegung • Botschaft • Empfänger • Erfahrungen • Entschlüsselung • Gesprächsteilnehmer • Ironie • Missverständnisse • Sender • Empfänger • Gefühl

Verstehen, was der andere meint

Eine Nachricht zu schicken bedeutet, dass der ________________[1] etwas sagt, was der ________________[2] verstehen soll – dies nennt man eine ________________[3]. Nicht immer gelingt dies jedoch – oft kommt es zu ________________[4]. Menschen reagieren verschieden, sie haben auch oft unterschiedliche ________________[5] gemacht. Das liegt nicht etwa daran, dass einer der beiden ________________[6] in böser Absicht handelt, vielmehr ist es eine Frage der ________________[7] des Gesagten. Diese Auslegung nennt man auch die ________________[8]. Es kommt auch vor, dass jemand eine Botschaft anders ausdrückt – zum Beispiel mit ________________[9]. Oder er/sie möchte ein ________________[10] ausdrücken, ohne dies direkt zu sagen. In jedem Fall muss der ________________[11] versuchen zu verstehen, was der ________________[12] ausdrücken will.

6 **Das Gesagte ist nicht immer das Gemeinte. Erklären Sie, was der Sender meint. Was könnte der Empfänger verstehen?**

Der Sender / Die Senderin		**Der Empfänger / Die Empfängerin**
sagt:	**meint:**	**versteht:**
Immer musst du arbeiten!	Du hast zu wenig Zeit für mich	Vorwurf, zu selten zu Hause zu sein
Hier ist es aber frisch!		
Was gibt es zu essen?		
Steht mir das Kleid?		

7 MITEINANDER KOMMUNIZIEREN

1 **Lesen Sie noch einmal GUT ZU WISSEN auf Seite 28. Benennen Sie Gründe für Missverständnisse zwischen den Sprechenden.**

____

____

2 **A Analysieren Sie das Schaubild.**

Das Sender-Empfänger-Modell nach Weaver/Shannon

Codieren bedeutet verschlüsseln, decodieren bedeutet entschlüsseln. Die Botschaft – oder das Signal – kann verbal oder non-verbal sein und an den Empfänger gesendet werden.

B Kreuzen Sie die richtigen Aussagen an.

Das Sender-Empfänger-Modell besagt, dass

- ☐ der Sender seine Botschaft decodiert und sie an den Empfänger schickt.
- ☐ der Empfänger die Botschaft versteht und seine Reaktion codiert zurückschickt.
- ☐ bei dem Modell eigentlich nichts schiefgehen kann – wenn die Codierung klappt.
- ☐ der Empfänger ein Decodier-Gerät für das Entschlüsseln der Botschaft nutzt.

3 **Die folgenden Aussagen werden offensichtlich missverstanden. Formulieren Sie die Aussagen um und schreiben Sie kurze, eindeutige Dialoge.**

Situation 1 Tochter: „Wir haben einen neuen Schüler in der Klasse, der ist voll nett!“ Mutter: „Du bist noch viel zu jung für einen Freund!“	Tochter: ______________ Mutter: ______________
Situation 2 Kfz-Azubi: „Das Reifenwechseln dauert ziemlich lange, wenn ich es alleine mache.“ Ausbilder: „Wann Feierabend ist, bestimme ich!“	Kfz-Azubi: ______________ Ausbilder: ______________

8 SICH SELBST VORSTELLEN

GUT ZU WISSEN

Immer wenn Menschen, die sich nicht kennen, aus einem **bestimmten Anlass** aufeinandertreffen, **stellen sie sich einander vor** – so weiß der andere, mit wem er es zu tun hat. Ob im Rahmen einer privaten Umgebung, in der Schule, bei einer Firma oder auf einer Messe, ob es sich um eine zufällige Begegnung oder ein vereinbartes Treffen handelt: Immer möchte man **kompetent, sympathisch und vertrauenswürdig** wirken und **das Interesse des anderen wecken.** Bei jeder Vorstellung sollte man sich **kurzfassen,** um den Gesprächspartner nicht zu langweilen, und nur die Informationen nennen, die **für diesen Anlass wichtig** sind. Man könnte eine Selbstvorstellung auch mit einem kurzen **Werbespot** vergleichen: Der andere soll auf das „Produkt", in diesem Fall auf Ihre Person, aufmerksam werden und gerne mehr erfahren wollen. In der deutschen Sprache ist es wichtig, bei der Vorstellung den angemessenen Gebrauch des **Du oder Sie** bei der **Anrede** fremder Personen zu beachten, denn das drückt **Respekt** bzw. **Gleichrangigkeit** aus.

1 **A Notieren Sie Stichpunkte zu Ihrer Person.**

Informationen	
Familienname	
Vorname(n)	
Alter	
Geburtsdatum	
Geburtsort	
Staatsangehörigkeit	
Wohnort	
Frühere Wohnorte	
Geschwister	
Hobbys	
Lieblingsessen	
Musik	
Filme	
Lieblingssport	

B Vergleichen Sie Ihre Eintragungen zu zweit.

8 SICH SELBST VORSTELLEN

2 **A Ordnen Sie die Themenbereiche einer Selbstvorstellung in eine für Sie logische Reihenfolge (Zahlen 1–9).**

Alter	Adresse	Klasse	Name	Fähigkeiten	Familie/ Geschwister/ Herkunft	Begrüßung	Hobbys	Lieblingsessen
						1		

B Vergleichen Sie Ihre Reihenfolgen zu zweit und besprechen Sie Abweichungen.

3 **Formulieren Sie komplette Sätze für Ihre Vorstellung.**

Begrüßung	
Name	
Alter	
Adresse	
Schule/Klasse	
Fähigkeiten	
Hobbys	
Familie/ Herkunft	
Lieblingsessen	

4 **Klären Sie die folgenden Fragen zu zweit.**

1 Welches sind offizielle Daten? ______

2 Welches sind sehr persönliche Details? ______

3 Was würden Sie auch bei einer Bewerbung (Lebenslauf) angeben? ______

______

4 Was würden Sie angeben, wenn Sie einen guten Freund treffen und seine Eltern kennenlernen?

______

1 Lesen Sie noch einmal GUT ZU WISSEN auf Seite 31.

2 Lesen Sie den Text und unterstreichen Sie die Schlüsselwörter.

Andere Länder, andere Sitten

Im Amerikanischen bezeichnet der Begriff „Elevator Pitch“ (auch „Elevator Statement“) eine maximal 60 Sekunden lange Kurz-Präsentation einer Idee, eines Produkts oder der eigenen Person. Der Begriff erklärt sich aus der Tatsache, dass der Elevator, also der Aufzug, in Hochhäusern selten länger als eine Minute fährt. Während dieser Zeit **muss** der viel beschäftigte Boss zuhören, denn er kann nicht weglaufen. Das Ziel des Elevator Pitch ist es also, eine andere Person in kurzer Zeit von einer Idee, einem Produkt oder **sich selbst** zu überzeugen.

3 Notieren Sie, welche Informationen Sie zu Ihrer Person in einem Elevator Pitch unbedingt geben würden.

Beispiel Ich heiße Elvan Grabow und bin 17 Jahre alt.

____

4 Notieren Sie, welche Informationen zu Ihrer Person nicht in einen Elevator Pitch gehören, da dies private Informationen sind.

____

5 Notieren Sie Stichpunkte für eine kurze Vorstellung Ihrer Person.

Situation 1 Sie besuchen eine Ausbildungsmesse und kommen an den Stand eines interessanten Unternehmens. Stellen Sie sich kurz vor und stellen Sie Ihre Fähigkeiten dar.	
Situation 2 Sie sind in der Stadt unterwegs und treffen unerwartet auf eine Klassenkameradin mit ihren Eltern. Stellen Sie sich kurz vor und versuchen Sie, einen guten Eindruck zu machen.	

6 Bilden Sie Gruppen und übernehmen Sie jeweils eine der genannten Rollen aus Aufgabe 5. Spielen Sie die Szenen vor und formulieren Sie dabei Ihre Selbstvorstellung.

9 SITUATIONSGERECHT KOMMUNIZIEREN

GUT ZU WISSEN

Jedes Gespräch sollte der **Situation angemessen** sein. Mit verschiedenen Gesprächspartnern und in verschiedenen Situationen kommuniziert man unterschiedlich: Mit der Familie und mit Freunden spricht man anders als mit Kollegen, Vorgesetzten, Lehrern ... An das (soziale) Verhältnis zum Gesprächspartner passt man auch **Ausdrucks-** und **Redeweise** an: So muss man bedenken, ob es angebracht ist, zu **siezen** oder zu **duzen**. Auch die **Wortwahl** sollte angemessen sein: Im Betrieb wird man sich eher höflich und überlegt ausdrücken, mit Freunden hingegen kommuniziert man spontan. Manchmal ist es gut, sich auf ein **Gespräch vorzubereiten.**

1 **Geben Sie den Inhalt von GUT ZU WISSEN in eigenen Worten wieder.**

2 **Aufmerksames Zuhören ist wichtig in jedem Gespräch: Kreuzen Sie an, ob das folgende Verhalten richtig oder störend ist.**

Verhalten	richtig	störend
Blickkontakt zum Sprecher halten		
Dem Sprecher den Kopf zuwenden		
Den eigenen Gedanken nachhängen		
Sich mit dem Handy beschäftigen und recherchieren		
Nachfragen, ob man richtig verstanden hat		
Zwischenrufe und Kommentare machen		
Das Argument des Sprechers zusammenfassen		
Nebenbei essen/lesen (während man zuhört)		

3 **Im Betrieb ist die Sprache formeller: Formulieren Sie die formellen (unterstrichenen) Ausdrücke um.**

Die Ansprache „Liebe Kolleginnen und Kollegen, liebe Azubis, nächsten Monat müssen wir eine <u>enorme Menge</u> an Aufträgen abarbeiten. Wir werden dafür <u>zeitnah</u> die Schichtpläne anpassen. Sie haben schon in der letzten Saison <u>herausragende Leistungen</u> gezeigt! Durch Sie und Ihren Einsatz hat unsere Abteilung <u>großes Entwicklungspotenzial</u>. Lassen Sie uns an die Arbeit gehen!“	

4 **A In manchen Situationen sieht man den Gesprächspartner nicht. Ergänzen Sie im Telefonat die Nachfragen.**

Deniz ruft bei Frau Klar, der Schulsekretärin, an, um sich krankzumelden.

Schülerin: Moin! Ich wollte nur sagen, dass ich heute krank bin und nicht in die Schule komme.

Sekretärin: ______

Schülerin: Ach so, ja: Ich heiße Deniz Opal und bin in der 9 a. Mein Klassenlehrer ist der Hans.

Sekretärin: ______

Schülerin: Ja, das sag ich doch. Also schreibst du das jetzt auf?

Sekretärin: ______

Schülerin: Du oder Sie – das ist doch egal ...

Sekretärin: ______

B Welche Fehler macht Deniz in dem Gespräch? Notieren Sie mögliche Verbesserungen und spielen Sie das Gespräch zu zweit nach.

5 **Sortieren Sie Regeln und Hindernisse für eine erfolgreiche Kommunikation.**

Regeln		Hindernisse
1	1 Gesprächspartner ausreden lassen 2 herabsetzend sprechen 3 Vorbereitung: Argumente sammeln 4 nicht beleidigen 5 Argumente sachlich vortragen 6 Vorwürfe machen 7 anderen ins Wort fallen 8 höflicher Ausdruck 9 den anderen auslachen 10 angemessene, sachliche Wortwahl 11 falsche Sprachebene (Duzen statt Siezen) 12 spontan sagen, was einem einfällt 13 emotional werden, laut werden	

6 **Gelten die Regeln aus Aufgabe 2 auch im Freundeskreis? Diskutieren Sie.**

7 **Formulieren Sie eine Regel, die Ihnen wichtig ist, als Appell.**

Beispiel Lassen Sie mich bitte ausreden!

______

9 SITUATIONSGERECHT KOMMUNIZIEREN

1 **Lesen Sie noch einmal GUT ZU WISSEN auf Seite 34.**

2 **Welche Personengruppen erwarten Höflichkeit, wenn man mit ihnen spricht?**

3 **Warum erwarten bestimmte Personengruppen Höflichkeit?**

4 **Höflich zu sein, ist nicht schwierig. Formulieren Sie höfliche Fragen.**

Könnte ich ...? • Würden Sie ...? • Darf ich ...? • Könnten Sie ...? • Hätten Sie ...? • vielleicht • eventuell • bitte

1 noch einmal nachfragen: *Darf ich noch einmal bei Ihnen nachfragen?*

2 um einen Termin bitten: ______

3 den Weg erklären: ______

4 eine Auskunft geben: ______

5 fünf Minuten Zeit haben: ______

5 **Auch wenn man sich duzt, schadet Höflichkeit nicht. Formulieren Sie Ihre Sätze aus Aufgabe 4 um.**

1 noch einmal nachfragen: *Darf ich noch einmal bei dir nachfragen?*

2 um einen Termin bitten: ______

3 den Weg erklären: ______

4 eine Auskunft geben: ______

5 fünf Minuten Zeit haben: ______

10 INFORMATIONEN WEITERGEBEN

GUT ZU WISSEN

Die **Menge an Informationen,** die man heutzutage im Internet findet, ist ungeheuer groß. Es geht also darum, Informationen zu „filtern“, nur die wichtigen zu behalten und die unwichtigen zu übergehen. Es ist eine überaus schwierige Aufgabe, **Wichtiges von Unwichtigem zu unterscheiden.** Außerdem sollte man genau überlegen, welche Informationen privat und daher nicht für die Öffentlichkeit bestimmt sind.
In der Ausbildung und im Beruf muss mit Informationen, die man erhält und möglicherweise weitergeben muss, **sorgfältig umgegangen werden.** Im Einzelfall kann das auch bedeuten, dass man keine Informationen preisgibt. Und manchmal muss es **schnell** gehen; dann ist es notwendig, **nur die wichtigsten Informationen** unverzüglich weiterzugeben.

1 A Hören Sie zuerst das Gespräch. Lesen Sie anschließend den Text.

Der Notruf

Daria und Julia sind Auszubildende im Büro einer Firma. Julia ist die Treppe hinuntergegangen, um einen Ordner in die Produktionshalle zu bringen. Plötzlich hört Daria einen Schrei und Gepolter. Julia ist die Treppe hinuntergefallen und kann ihren Fuß nicht bewegen. Daria wählt die Notrufnummer 112 und wird mit einem Mitarbeiter der Notrufzentrale verbunden.

Tarik Müller: „Guten Tag, hier ist Tarik Müller von der Notrufzentrale Neustadt. Wie kann ich Ihnen weiterhelfen?“

Daria: „Hallo, hier ist Daria Maurer und ich bin mit meiner Kollegin Julia in der Firma. Wir kennen uns schon 5 Jahre, seit der Schule, also ziemlich gut, und arbeiten heute allein im Büro. Doch eben ist Julia plötzlich gestürzt, also ich benötige Ihre Hilfe nicht, aber Julia schon.“

Tarik Müller: „Okay, könntest du bitte möglichst konkret beschreiben, wo ihr beiden euch gerade befindet und was genau deiner Freundin passiert ist? Und gibt es weitere Verletzte?“

Daria: „Natürlich. Also wir arbeiten hier bei der Firma Blockhaus in Neustadt, wir stellen Möbel her. Daneben wohnt unsere Klassenkameradin Ella, gegenüber vom großen Spielplatz. Das ist in der Kirschallee, ganz am Ende der Straße, wo die Lkws stehen, Hausnummer 15. Wie bereits erwähnt, ist Julia eben gestürzt. Wie das genau passiert ist, weiß ich nicht. Ich glaube, unsere Putzfrau hat kurz zuvor die Treppe gewischt, weshalb Julia ausgerutscht ist. Jedenfalls hat sie sich nun am Fuß verletzt. Vielleicht ist er verstaucht oder gebrochen, das ist aber nur eine Vermutung. Hier ist sonst niemand verletzt, doch mein Bruder Paul liegt zurzeit im Krankenhaus. Brauchen Sie noch weitere Informationen?“

Tarik Müller: „Ich schicke einen Rettungswagen mit Sanitätern vorbei. Diese werden weitere Fragen zur Verletzung vor Ort klären. Bleiben Sie bei Ihrer Freundin.“

Daria: „Danke schön! Ich schicke jemanden an die Eingangstüre.“

B Unterstreichen Sie die wichtigsten Informationen im Text.

C Notieren Sie Stichworte zu den Details im Text, die unwichtig sind.

___

D Versetzen Sie sich in die Situation: Welche Informationen sollte Daria bei einem Notruf sofort angeben, damit der Noteinsatz sinnvoll geplant werden kann?

2 A Lesen Sie die folgenden W-Fragen, die man bei einem Notruf beantwortet, um die nötigen Informationen schnell und strukturiert an die Notrufzentrale weiterzugeben.

1 WO ist das Ereignis? Stadtteil, Straßenname, Hausnummer ...

2 WAS ist geschehen? Beschreiben Sie auch, was Sie sehen, z. B. Unfall, Einsturz ...

3 WIE VIELE betroffene Personen gibt es?

4 WER ruft an? Ihren Namen, Standort, Ihre Telefonnummer für Rückfragen

5 WARTEN auf Rückfragen, legen Sie nicht gleich auf!

B Formulieren Sie Darias Meldung (Seite 37) um und benutzen Sie als Strukturhilfe die W-Fragen aus Aufgabe 2 A.

3 Wählen Sie eine der folgenden Situationen und spielen Sie sie zu zweit. Notieren Sie zuvor in Stichpunkten, was Sie sagen wollen.

Situation 1: Ihre Mutter hat einen Kuchen gebacken und sich beim Herausnehmen aus dem Ofen am Arm verbrannt. Sie laufen zur Nachbarin, um sie um Hilfe zu bitten.

Situation 2: Sie fahren mit Ihrer Kollegin im Auto zur Berufsschule. Plötzlich sehen Sie, dass vor Ihnen das Auto in den Straßengraben rutscht. Sie halten an und helfen.

1 **Lesen Sie noch einmal GUT ZU WISSEN auf Seite 37. Was muss man unbedingt bedenken, wenn man Informationen weitergeben soll?**

____

2 **Sie suchen einen Ausbildungsplatz. Welche Informationen zu Ihrer Wunschfirma versuchen Sie zu recherchieren? Markieren Sie die wichtigen.**

Standorte der Firma • Anzahl der Mitarbeiter • Fahrradparkplätze • Produktpalette • Gründungsjahr der Firma • Organisationsform • Farbe der Lkws • Anzahl der Ausbildungsplätze • Auto des Geschäftsführers • Karrierechancen • Bewerbungsmöglichkeiten • Nachbarschaft • Arbeitszeit • Kantinenessen

3 **Lesen Sie den Text und füllen Sie die Lücken.**

Betriebsgeheimnisse • Kündigung • Öffentlichkeit • Produktion • vertraulich • weitergeben • untersagen

Souverän mit Informationen über die Firma umgehen

Dass man sinnvolle Informationen an die Mitarbeiter ____________ 1, ist in einer Firma unerlässlich. Es ist aber auch wichtig, darauf zu achten, keine ____________ 2 Informationen preiszugeben, beispielsweise Details zur ____________ 3. Diese Informationen gehören zu den ____________ 4 und es ist den Mitarbeitern strengstens ____________ 5, darüber in der ____________ 6 zu sprechen. Ein Verstoß kann zur ____________ 7 führen.

4 **Welche Informationen sind vertraulich und welche sind öffentlich?**

Information über die Firma	vertraulich	öffentlich
Anzahl der Mitarbeiter		
Gehalt der Mitarbeiter im Büro		
Für die Arbeitsanzüge zuständiger Reinigungsbetrieb		
Einkaufspreise der Rohwaren für die Produkte		
Private Telefonnummer des Geschäftsführers		
Ausbildungsvergütung der Auszubildenden		

11 DEN EIGENEN STANDPUNKT GUT VERTRETEN

GUT ZU WISSEN

Um andere Menschen im Gespräch von der **eigenen Meinung zu überzeugen,** muss man den eigenen Standpunkt gut darstellen und **überzeugend argumentieren.** Dazu baut man ein Argument auf, das man inhaltlich fundiert und sprachlich überzeugend darstellt – man nennt dies **schlüssig argumentieren.**
Als Erstes stellt man die **These** auf; das ist eine das Thema bzw. die Meinung betreffende **Behauptung.** Den nächsten Schritt bilden die **Argumente:** Man begründet seine **Behauptung** und **führt Fakten an.** Anschließend sollte man **Beispiele** nennen, die das Argument unterstützen. Am Ende der Argumentationskette steht die **Schlussfolgerung,** die sich auf die anfängliche **Behauptung** bezieht.
In **guten Argumenten** stecken **Expertenmeinungen** und **nachprüfbare Tatsachen. Schlechte Argumente** bestehen aus **nicht nachprüfbaren Aussagen/Behauptungen, Floskeln** und **falschen Informationen.**

1 **Lesen Sie GUT ZU WISSEN aufmerksam. Erklären Sie mit eigenen Worten, was es heißt, schlüssig zu argumentieren. Arbeiten Sie zu zweit.**

2 **A Vertreten Sie Ihren Standpunkt. Wählen Sie dazu ein Thema.**

„Mitgliedschaft im Fitnessstudio sollte kostenlos sein."

„Meine Zukunft hängt nicht von Schulnoten ab."

„Eine Ausbildung im Handwerk lohnt sich."

B Notieren Sie Stichpunkte für eine schlüssige Argumentation.

Thema/Behauptung: ______________________

Argument 1: ______________________

Argument 2: ______________________

Beispiel 1: ______________________

Beispiel 2: ______________________

Schlussfolgerung: ______________________

____

C **Tragen Sie Ihrem Partner / Ihrer Partnerin Ihre Meinung mit Argumenten und Beispielen mündlich vor.**

Ich finde, dass ... • Man kann also sagen, dass ... • Ich bin überzeugt, dass ... • So ist beispielsweise ... • Meiner Meinung nach ... • Ich behaupte dies, weil ...

D **Wechseln Sie die Rollen und machen Sie Notizen zur Argumentation Ihres Partners.**

E **Besprechen und bewerten Sie gemeinsam die Ergebnisse beider Vorträge.**

3 **Schreiben Sie eine schlüssige Argumentation zu Ihrem Thema.**

4 **Um Argumente erfolgreich vorzubringen, ist es wichtig, sich der Situation angemessen auszudrücken. Verbinden Sie die Aussagen.**

Im Klassenzimmer	Im Betrieb
Das kannst du so nicht sagen!	Ihre Darstellung zeigt einige Lücken.
Ich finde es super, dass ... Aber dafür ist es unfair, dass ...	Sie könnten jetzt sicherlich einwenden, dass ...
Meinst du etwa, ich sollte ...?	Das würde ich nicht so sehen!
Was du da sagst, ergibt keinen Sinn!	Ihrem Argument entnehme ich, dass ich ...
Jetzt sagst du bestimmt, dass ...	Ein großer Vorteil ist ... Andererseits ist es auch nicht gerecht, dass ...
Das glaube ich nicht!	Vielen Dank für diesen Hinweis – wir werden entsprechende Maßnahmen ergreifen.
Gut, dass du das sagst – das müssen wir ändern.	Sind Sie wirklich davon überzeugt, dass ...?

11 DEN EIGENEN STANDPUNKT GUT VERTRETEN

1 **Lesen Sie noch einmal GUT ZU WISSEN auf Seite 40. Was zeichnet gutes Argumentieren aus, was zeichnet schlechtes Argumentieren aus? Sortieren Sie.**

Gutes Argumentieren		Schlechtes Argumentieren
______________	• Nachvollziehbare Erfahrungen	______________
______________	• Faktenargument	______________
______________	• Persönlicher Angriff	______________
______________	• Expertenmeinung	______________
______________	• Floskel/Phrase	______________
______________	• Verweis auf anerkannte Werte	______________
______________	• Unüberprüfbare Aussagen	______________
______________	• Falschaussagen	______________

2 **A Hören Sie sich das Gespräch zunächst aufmerksam an, lesen Sie dann den Text.**

Der Motorradführerschein

Ella (17) sitzt mit ihrem Vater gemeinsam in der Küche beim Essen. Sie möchte heute etwas Wichtiges mit ihm besprechen. Ihr älterer Bruder Mats kommt dazu und mischt sich ein.

Ella: „Papa, ich möchte dich etwas fragen: Mein bester Freund Malte hat jetzt seit Neuestem ein Motorrad, ich durfte auch schon mitfahren und das macht wirklich großen Spaß! Deshalb habe ich mir überlegt, dass ich auch unbedingt einen Motorradführerschein machen möchte."

Mats: „Also, jetzt spinnst du doch echt komplett! Mädchen und Motorrad fahren ..."

Vater: „Was soll das, Mats? Ella, das ist ja wirklich eine große Sache, aber ich finde es gefährlich."

Ella: „Du weißt, dass ich sehr vorsichtig bin – und beim Motorradfahren wäre ich das natürlich auch! Ich sehe vor allem die Vorteile: Zunächst einmal müsste ich morgens nicht mehr so früh den Bus zur Schule nehmen. Darüber hinaus bin ich viel flexibler. Ich wäre unabhängiger von euch und nicht mehr darauf angewiesen, dass ihr mich mit dem Auto irgendwo hinbringt. Außerdem verbraucht ein Motorrad weniger Benzin als ein Auto."

Mats: „Als ob du in deinem Leben bisher je Benzinkosten bezahlt hättest! Du lässt dich doch immer nur chauffieren!"

Vater: „Mats! Jetzt hör aber auf! Ella, das klingt zwar gut, aber wo sollen wir das Motorrad unterbringen?"

Ella: „Ein Motorrad nimmt ja wenig Platz weg. Wir könnten es problemlos in der Garage ..."

Sie wird von **Mats** unterbrochen: „Und dann muss ich immer erst das Motorrad rausfahren, wenn ich das Auto brauche, was?! Vergiss es!"

Vater: „Mats, jetzt nimm dich bitte mal zusammen und lass Ella ausreden!“

Ella: „Außerdem werde ich viel auf den Landstraßen unterwegs sein und lerne die Umgebung besser kennen. Das nützt mir später auch beim Autofahren.“

Vater: „Das stimmt. Aber hast du auch mal an die Kosten gedacht?“

Mats: „Das ist doch gar kein Problem – sie hat doch Daddy als Sponsor!“

Ella (ignoriert seine Bemerkung): „Weißt du, Papa, die Kosten sind gar nicht sooo hoch: Ich könnte den Führerschein von meinem ersparten Geld bezahlen – und mir dann ein gebrauchtes Motorrad kaufen. Und für die Versicherung und den Sprit reicht das Geld, das wir sonst für das Monatsticket zahlen! Insgesamt hat ein Motorrad gegenüber anderen Verkehrsmitteln einfach viele Vorteile.“

Vater: „Du hast gute Argumente, Ella, ich werde es mir überlegen! Und Mats, du bist in Zukunft nicht mehr so gemein zu deiner Schwester!“

B Unterstreichen Sie im Gespräch Ellas Argumente für den Motorradführerschein.

C Wie begegnet Ella den Einwänden ihres Vaters?

____

____

____

D Mit welchen unfairen Methoden versucht Mats, Ellas Argumentation zu stören?

____

____

____

E Wie wird sich Ellas Vater entscheiden? Begründen Sie Ihre Meinung.

____

____

____

____

3 Recherchieren Sie weitere (unfaire) Argumentationstechniken und Argumentationsstrategien. Finden Sie Beispiele dafür und besprechen Sie diese mit Ihren Mitschülern.

12 SACHLICH DISKUTIEREN

GUT ZU WISSEN

Wenn Menschen verschiedene Meinungen haben, sind **Diskussionen** oft unerlässlich. In einer Diskussion will man die anderen **vom eigenen Standpunkt überzeugen,** aber auch **zu** den **Standpunkten anderer Stellung nehmen.** Damit Diskussionen mit mehreren Personen nicht außer Kontrolle geraten, müssen alle Teilnehmer die **Regeln** einer Diskussion kennen – und diese auch einhalten.
Bei Gesprächen mit vielen Teilnehmern – beispielsweise einer **Podiumsdiskussion** oder einer **Plenumsdiskussion** – gibt es meist einen **Diskussionsleiter** / eine **Diskussionsleiterin.** Diese Person **lenkt den Verlauf,** achtet auf die **Einhaltung der Regeln** und stellt eventuell weiterführende Fragen. Sie schreitet auch beschwichtigend ein, wenn das „Rede-Antwort-Gefecht" zu hitzig wird.
Grundsätzlich sollten sich alle Teilnehmer einer Diskussion **gut vorbereiten** und ihre Standpunkte durch **gute Argumente** und **sprachlich angemessen** darstellen.

1 Welche Regeln sollen bei einer Diskussion auf jeden Fall einhalten werden?

2 Welche Aufgaben hat eine Diskussionsleiterin / ein Diskussionsleiter? Über welche Fähigkeiten sollte sie oder er verfügen? Kreuzen Sie an.

	richtig
Verlauf der Diskussion lenken	
Pfeife rauchen	
Fragen stellen und Teilnehmern das Wort erteilen oder das Wort entziehen	
auf das Einhalten der Regeln achten, wenn nötig beschwichtigen	
gut mit dem Publikum zurechtkommen	
ruhig und freundlich bleiben können	
auch selbst mal einen Beitrag zum Thema leisten können	
sich durchsetzen können und die Zeit einhalten	
laut und deutlich sprechen können	

3 Begründen Sie die Aufgaben der Diskussionsleitung.

Beispiel: Eine Diskussionsleiterin lenkt den Verlauf der Diskussion, damit alle beim Thema bleiben.

4 A Lesen Sie den Text „Die Termindiskussion".

Die Termindiskussion

In der Klasse von Herrn Otter wird lautstark diskutiert: Die nächste Deutscharbeit der Klasse soll am ersten Tag nach den Herbstferien geschrieben werden. Das stößt bei einigen Schülern auf Unmut; sie wollen, dass der Termin verschoben wird.

Lara: „Wie soll ich mich denn auf die Deutsch-Klassenarbeit vernünftig vorbereiten, wenn ich über die Ferien mit meiner Familie in Urlaub fahre?"

Lukas: „Ja genau, außerdem sind Ferien schließlich nur dazu da, um sich zu entspannen und endlich Pause von der Schule zu haben."

Maja: „Ich finde euren Standpunkt zwar gut nachvollziehbar, aber sicherlich habt ihr doch trotz Lernen noch genug freie Zeit in den Ferien für andere Dinge. Ich sehe das eher als Chance, dass man endlich mal genügend Zeit hat, alle Themen gut zu üben, weil man keine Hausaufgaben zu erledigen hat und nichts in anderen Fächern ansteht."

Lukas: „Ja, das sagst du – aber nicht jeder möchte seine Ferien mit Lernen verbringen, Maja, und eine weitere schlechte Note brauche ich auch nicht."

Nils: „Ich teile Lukas' Meinung zwar nicht so ganz, dennoch fände ich eine Verschiebung um eine Woche nach hinten oder auch noch vor die Ferien echt hilfreich, um wirklich im Thema zu sein und die Inhalte nicht zu vergessen."

Johanna: „Vor den Ferien?! Du spinnst doch! Das ist viel zu wenig Zeit, dann müssten wir ja schon nächste Woche schreiben."

Nils: „Seht das doch positiv, dann haben wir das hinter uns, und alle können in den Ferien die Füße hochlegen."

B Welche Argumente werden genannt? Notieren Sie Stichworte.

Argumente für den Termin unmittelbar nach den Ferien	Argumente gegen den Termin nach den Ferien

C Wie gehen die Schüler sprachlich auf die Argumente der Mitschüler ein? Unterstreichen Sie wichtige Satzteile im Text oben.

D Sammeln Sie weitere Sätze der Zustimmung und Ausdrücke des Widerspruchs und notieren Sie diese.

12 SACHLICH DISKUTIEREN

1 **Lesen Sie noch einmal GUT ZU WISSEN auf Seite 44. Warum ist eine gute Vorbereitung auf eine Diskussion wichtig?**

2 **Bereiten Sie eine Diskussion vor. Versetzen Sie sich nacheinander in die jeweilige Rolle als Lehrer, Schüler und Elternteil und formulieren Sie mögliche Argumente.**

Situation: Wohin geht die Klassenfahrt?
In einer Berufsvorbereitungsklasse soll eine einwöchige Klassenfahrt durchgeführt werden. Die Schüler der Klasse möchten gerne nach Berlin. Die Lehrer ziehen eine Fahrt an die Nordsee in Erwägung (mit Betriebsbesichtigung). Die Eltern wollen ihren Kindern zwar eine tolle Woche ermöglichen, aber es darf nicht allzu teuer werden.

Argumente der Schüler (für/gegen):

1 ______________________________

2 ______________________________

3 ______________________________

Argumente der Lehrer (für/gegen):

1 ______________________________

2 ______________________________

3 ______________________________

Argumente der Eltern (für/gegen):

1 ______________________________

2 ______________________________

3 ______________________________

3 **Versetzen Sie sich jetzt in die Rolle der Diskussionsleitung. Was sind Ihre wichtigsten Aufgaben bei der Diskussion?**

____

____

____

4 **Diskutieren Sie das Ziel der Klassenfahrt mit verteilten Rollen.**

GUT ZU WISSEN

Ärger mit Freunden oder sogar mit der Vorgesetzten oder dem Chef? Macht nichts, denn auch ein **Streit** gehört zum Leben! Es ist jedoch wichtig, darauf zu achten, wie man sich in einer solchen **Konfliktsituation** ausdrückt. Denn es macht einen Unterschied, ob man von sich selbst spricht oder eine andere Person beschuldigt. Ob man im eigenen Satz „ich“ oder „du“ verwendet, ist von großer Bedeutung. **Mit einer Ich-Botschaft offenbart man die eigenen Gefühle.** Mit einer **Du-Botschaft** urteilt man über das Verhalten des Gesprächspartners. Im Streitgespräch sollte man immer Ich-Botschaften einsetzen, um **die persönliche Ansicht deutlich zu machen** und den **Gesprächspartner nicht zu verletzen.**

1 **Entscheiden Sie, ob es sich bei den folgenden Aussagen um Ich-Botschaften oder Du-Botschaften handelt. Kreuzen Sie an.**

Aussagen	Ich-Botschaft	Du-Botschaft	Bild A/B
„Deine Unordnung nervt mich gewaltig!“			
„Zieh endlich deine Arbeitskleidung an. Das habe ich dir schon hundert Mal gesagt!“			
„Ich habe Angst alleine, darum will ich nicht, dass du gehst.“			
„Nie bist du da, wenn ich dich brauche.“			
„Die Werkzeuge auf dem Boden stören mich, weil ich keinen Platz habe.“			
„Du lässt immer die Werkzeuge rumliegen.“			
„Ich kann es nicht leiden, wenn du so schief pfeifst!“			

2 **Wer könnte was sagen? Ordnen Sie die Bilder den Aussagen in der Tabelle oben zu. Notieren Sie entweder A oder B in der rechten Spalte.**

Bild A

Bild B

3 Wandeln Sie die Du-Botschaften in Ich-Botschaften um.

Ich bin traurig, weil ... • Ich würde mir wünschen, dass ... • Ich fühle mich nicht gut, weil ... • Ich wünschte, du ... • Meine Sorge ist, dass ...

	Du-Botschaft	Ich-Botschaft
1	Du siehst meine Arbeit nie.	*Ich bin traurig, weil meine Arbeit nicht gesehen wird.*
2	Du begrüßt mich immer unfreundlich.	
3	Immer stellst du mich vor anderen bloß.	
4	Du bist immer so aggressiv.	
5	Nie hörst du zu.	
6	Du bist zu langsam.	

4 In welchen Zusammenhängen könnten die Aussagen aus Aufgabe 3 gemacht worden sein? Diskutieren Sie.

im Büro • in der Schule • in der Familie • beim Sport • unter Geschwistern • unter Freunden • unter Kollegen • zu den Eltern

5 Was passt zusammen? Es gibt mehrere Möglichkeiten.

provozieren • haben • klären • ansprechen • bleiben • lösen • vermeiden • finden

ein Problem		die Ursachen	
eine Auseinandersetzung		einen Streit	
eine Diskussion		eine Lösung	
einen Konflikt		im Gespräch	

6 Schreiben Sie ganze Sätze mit den Ausdrücken aus Aufgabe 5.

13 KONFLIKTE VERMEIDEN

1 **Lesen Sie noch einmal GUT ZU WISSEN auf Seite 47 und notieren Sie zwei Schlüsselwörter.**

____

2 **A Lesen Sie die folgende Geschichte und besprechen dann zu zweit, was gemeint ist.**

Paul Watzlawick: Die Geschichte mit dem Hammer

Ein Mann will ein Bild aufhängen. Den Nagel hat er, nicht aber den Hammer. Der Nachbar hat einen. Also beschließt unser Mann, hinüberzugehen und ihn auszuborgen. Doch da kommt ihm ein Zweifel: Was, wenn der Nachbar mir den Hammer nicht leihen will? Gestern schon grüßte er mich nur so flüchtig. Vielleicht war er in Eile. Aber vielleicht war die Eile nur vorgeschützt, und er hat was gegen mich. Und was? Ich habe ihm nichts angetan; der bildet sich da etwas ein. Wenn jemand von mir ein Werkzeug borgen wollte, *ich* gäbe es ihm sofort. Und warum er nicht? Wie kann man einem Mitmenschen einen so einfachen Gefallen abschlagen? Leute wie dieser Kerl vergiften einem das Leben. Und dann bildet er sich noch ein, ich sei auf ihn angewiesen. Bloß weil er einen Hammer hat. Jetzt reicht's mir wirklich. – Und so stürmt er hinüber, läutet, der Nachbar öffnet, doch noch bevor er „Guten Tag" sagen kann, schreit ihn unser Mann an: „Behalten Sie sich Ihren Hammer, Sie Rüpel!"

B Erzählen Sie die Geschichte Ihrer Partnerin oder Ihrem Partner – fügen Sie nichts hinzu und erklären Sie nichts.

C Beantworten Sie die folgenden Fragen zur „Geschichte mit dem Hammer".

1 Was genau ist das Problem in der Geschichte? ______________________

____

2 Hat der Nachbar oder der Mann einen Fehler gemacht? ______________________

3 Wie hätte der Mann den Konflikt vermeiden können? ______________________

____

D Schreiben Sie das Ende der Geschichte neu, diesmal bekommt der Mann den Hammer von seinem Nachbarn.

Bloß weil er einen Hammer hat! ______________________

____

____

____

E Tauschen Sie Ihre Versionen und besprechen Sie Ihre Ergebnisse.

KOMMUNIKATION: ALLES KLAR?

1 Finden Sie die Lösung. Die Buchstaben in den blauen Zahlfeldern ergeben das Lösungswort.

Lösung: __ __ __ __ __ __ __ __ __ __ __ __ __

1 Sich mit den Händen ausdrücken
2 Etwas Neues, das man erfährt oder weitergibt
3 Höfliche Anrede (Verb)
4 Die eigene Meinung = der eigene ...
5 Das Gesicht „verziehen“, um etwas auszudrücken
6 Anrede, wenn man jemanden gut kennt (Verb)
7 Eine runde Grafik = ein besonderer Kuchen
8 Die eigene Überzeugung zu einem Thema
9 Eine Auseinandersetzung, Unstimmigkeit
10 Etwas präsentieren

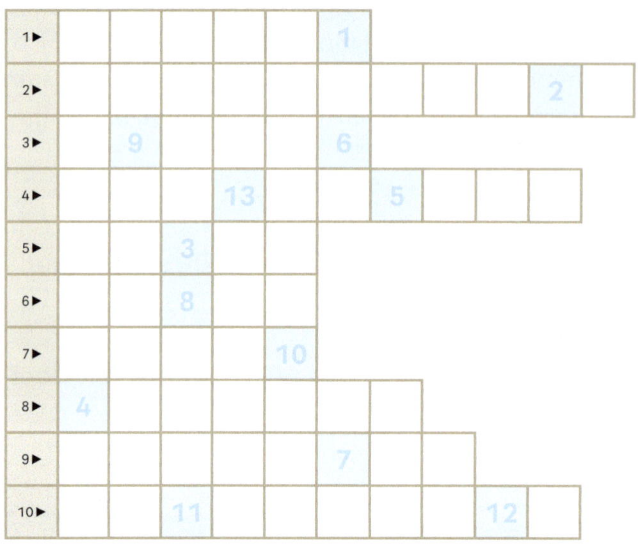

Schätzen Sie sich ein, wenn Sie die Seiten bearbeitet haben.			Das kann ich gut	Das kann ich	Das kann ich teilweise	Das trainiere ich noch einmal
Miteinander sprechen	**7**	Miteinander kommunizieren				
	8	Sich selbst vorstellen				
	9	Situationsgerecht kommunizieren				
	10	Informationen weitergeben				
Die eigene Meinung äußern	**11**	Den eigenen Standpunkt gut vertreten				
	12	Sachlich diskutieren				
	13	Konflikte vermeiden				

MIT TEXTEN UMGEHEN: LOS!

„Es ist ein großer Unterschied, ob ich lese zum Genuss und Belebung oder zur Erkenntnis und Belehrung."

(Johann Wolfgang von Goethe)

Dieses bekannte Zitat stammt vom berühmten deutschen Dichter und Naturforscher Johann Wolfgang von Goethe. Es macht deutlich, dass Texte unterhalten oder informieren wollen.

1 Führen Sie eine Umfrage in Ihrer Klasse durch.

Was lesen Sie in Ihrem Alltag am häufigsten?

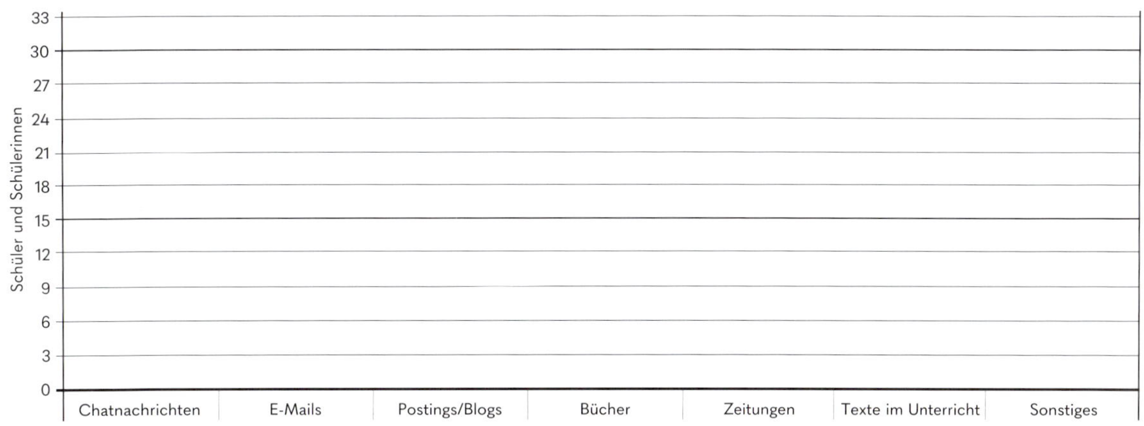

Stellen Sie das Ergebnis oben grafisch als Säulendiagramm dar.
Benennen Sie auch Ort, Datum, Anzahl und Alter der Befragten.

2 Tauschen Sie sich aus: Wie gehen Sie mit schwierigen Texten um?

Mit diesen Inhalten beschäftigen Sie sich auf den folgenden Seiten.

Tragen Sie das Datum ein, wenn Sie die Seiten bearbeitet haben.

			○	●
Texte verstehen	**14**	Zwischenüberschriften finden		
	15	Schlüsselbegriffe ermitteln		
	16	Fragen zu einem Text beantworten		
	17	Einen Text erschließen		
	18	Einen Text zusammenfassen		
Besondere Texte verstehen	**19**	Ein Diagramm auswerten		
	20	Eine Tabelle auswerten		
	21	Einen argumentierenden Text verstehen		
	22	Einen Gesetzestext verstehen		

Schätzen Sie Ihre Kompetenzen auf Seite 82 ein.

14 ZWISCHENÜBERSCHRIFTEN FINDEN

GUT ZU WISSEN

Lesen und Verstehen von Texten gehören zu den Fertigkeiten, die Sie in Ihrem Leben unbedingt beherrschen sollten. Um **Inhalte** einzelner Texte besser verstehen zu können, ist es hilfreich, Texte in **Abschnitte** einzuteilen und **Zwischenüberschriften** zu formulieren. Zwischenüberschriften sind kurz und enthalten die **Schlüsselwörter,** also die wichtigsten Begriffe, **des jeweiligen Absatzes.** Diese geben eine **gute Orientierung** über den Inhalt des Textes insgesamt, können die Textwiedergabe erleichtern und helfen, einzelne Textstellen wiederzufinden.

1 **Tauschen Sie sich darüber aus, welche Erfahrung Sie mit Zecken gemacht haben und was Sie bereits über diese Tiere wissen.**

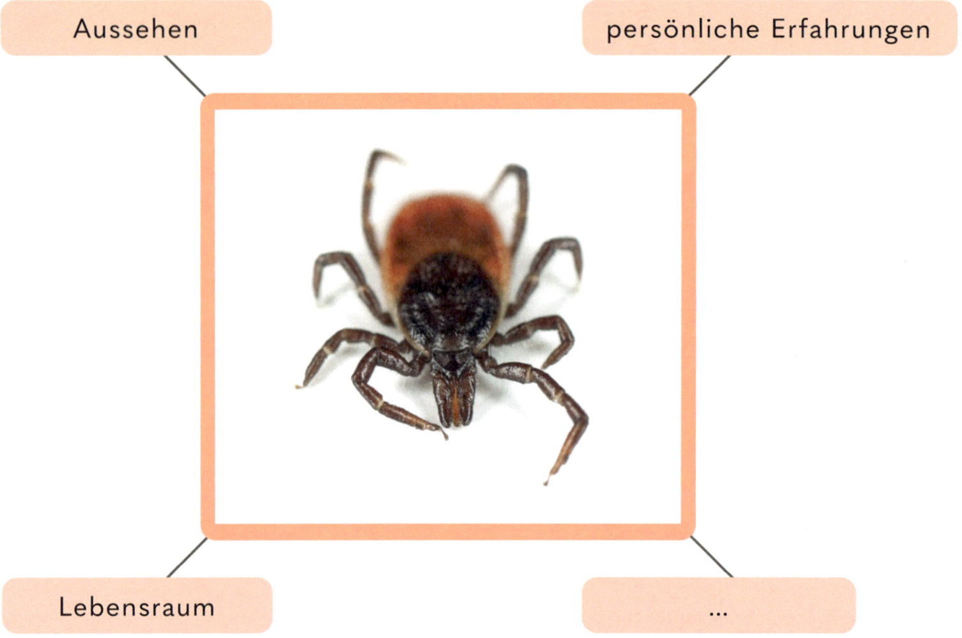

2 **A Lesen Sie den Text aufmerksam durch und klären Sie unbekannte Wörter.**

Zecken krabbeln nach oben

Sie sind meist winzig klein, haben acht Beine und saugen Blut: Zecken. Das klingt nicht nur fies. Blöd ist auch, dass die Tierchen mit ihrem Stich Krankheiten übertragen können. Eine davon ist FSME. Diese kann zu Fieber oder auch zu einer Gehirnentzündung führen.

Vor allem im Süden Deutschlands ist es möglich, dass Zecken das FSME-Virus haben. Expertinnen und Experten erklären regelmäßig, in welchen Gegenden die Gefahr dafür besteht. Am Dienstag sagten Forschende: Sie finden immer mehr FSME in Mittelgebirgen. In tieferen Gegenden werde es wohl zu warm für Zecken.

Zecken leben unter anderem in Wäldern und auf Flächen mit hohem Gras und Büschen. Wer aufpasst, kann ihrem Stich entgehen. Feste Schuhe, lange Hosen und lange Ärmel helfen dabei. Auch gibt es Zeckensprays. Menschen, die in FSME-Gebieten wohnen und häufig draußen sind, können sich auch impfen lassen.

B Welche Funktion hat der Text? Kreuzen Sie die richtige Antwort an.

Der Text möchte
- ☐ auf eine bedrohte Zeckenart aufmerksam machen.
- ☐ über die Möglichkeit der FSME-Impfung informieren.
- ☐ über Zecken und die mögliche Übertragung des FSME-Virus aufklären.

C Markieren Sie die Inhalte, über die der Text informiert.

Verschiedene Zeckenarten	Zecken übertragen FSME-Virus	Lebensraum von Zecken
Schutz gegen Zecken	Gegenden in Deutschland mit FSME-Gefahr	Aussehen von Zecken

D Notieren Sie, in welchem Textabschnitt und in welcher Zeile die folgenden Textaussagen stehen.

Aussagen	Textabschnitt und Zeile
Feste Schuhe, lange Hosen und lange Ärmel helfen gegen Zecken.	
FSME kann zu Fieber oder auch zu einer Gehirnentzündung führen.	
Zecken leben unter anderem in Wäldern und auf Flächen mit hohem Gras und Büschen.	
Im Süden Deutschlands ist es möglich, dass Zecken das FSME-Virus haben.	

E Unterstreichen Sie in jedem Abschnitt die Schlüsselbegriffe.

F Formulieren Sie eine passende Überschrift für jeden Textabschnitt.

Abschnitt	Überschrift
1 Zeile 1–3	
2 Zeile 4–7	
3 Zeile 8–11	

14 ZWISCHENÜBERSCHRIFTEN FINDEN

1 **Lesen Sie noch einmal GUT ZU WISSEN auf Seite 52 zum Thema Zwischenüberschriften.**

2 **Notieren Sie zwei Stichpunkte, warum Zwischenüberschriften hilfreich sind.**

3 **Notieren Sie auf dem Notizzettel, was Sie über Zecken wissen.**

4 **A Lesen Sie den folgenden Text aufmerksam durch und klären Sie unbekannte Wörter.**

Winzige Blutsauger

Wenn es Vampire gäbe und sie Haustiere hätten, welche Tiere würden zu ihnen passen? Zecken! Denn diese winzigen Krabbeltiere saugen auch gerne Blut. Jetzt im Frühling werden die Zecken wieder aktiv. Wer aufpasst, kann ihrem Stich aber entgehen. [...]

Zecken klettern zum Beispiel auf lange Grashalme oder ins Gebüsch. Dort warten sie, bis ein Tier oder ein Mensch vorbeikommt. Streifen diese am Halm oder am Gebüsch entlang, hält sich die Zecke an der Beute fest. Was Zecken nicht können: springen oder von Bäumen fallen. [...]

Zecken: winzige Krabbeltiere saugen Blut

Feste Schuhe, lange Hosen und lange Ärmel helfen. Wer auch noch die Hosenbeine in die Socken steckt, macht es den Zecken besonders schwer. Denn so muss die Zecke oft lange auf der Kleidung herumkrabbeln – und man sieht sie, ehe sie Haut findet. Zusätzlich kann man sich noch mit einem Spray gegen Zecken einsprühen. [...]

Keine Panik. Zecken suchen oft erst herum, um eine gute Stelle zu finden. Das kann eine Stunde oder länger dauern. Sie stechen gerne am Kopf, am Hals, unter den Armen, zwischen den Beinen und in den Kniekehlen. Es bleibt also Zeit, um die Zecke zu entfernen. [...]

Mit einer Pinzette oder einer Zecken-Zange greift man das Tierchen ganz nah an der Haut. Dann langsam und gerade aus der Haut rausziehen. Drehen soll man die Zecke nicht. Danach sollte die Stelle desinfiziert werden. Wer gerade keine Pinzette hat, kann auch seine Fingernägel benutzen. Hauptsache, sie ist schnell weg. [...]

Einige wenige Zecken tragen Krankheitserreger in sich. Diese können sie beim Stich übertragen. Deswegen sollte man in den Tagen danach schauen, ob sich die Haut rund um den Stich rötet. Auch Fieber und Kopfschmerzen können auf eine Krankheit hindeuten. Dann sollte man zum Arzt gehen. Aber die allermeisten Zeckenstiche machen nichts aus.

B Nummerieren Sie die Abschnitte links neben dem Text. Notieren Sie, in welchem Abschnitt folgende Textinhalte zu finden sind.

Textinhalt	Abschnitt
Mit einer Pinzette oder einer Zecken-Zange werden die Tierchen aus der Haut entfernt.	______
Zecken können nicht springen oder sich von Bäumen fallen lassen.	______
Ein zusätzlicher Schutz gegen Zecken bietet ein Spray.	______

C Unterstreichen Sie im Text in jedem Abschnitt die Schlüsselbegriffe.

D Formulieren Sie eine passende Überschrift für jeden Textabschnitt rechts neben dem Text.

15 SCHLÜSSELBEGRIFFE ERMITTELN

GUT ZU WISSEN

Oftmals lässt sich der Inhalt eines Textes anhand einzelner Begriffe entschlüsseln. Die sogenannten **Schlüsselbegriffe** oder **Signalwörter** machen schnell klar, worum es in dem Text geht und wie sich dieser einordnen lässt. Manchmal können Schlüsselbegriffe auch mehrfach vorkommen. Schlüsselbegriffe geben **Antworten auf die W-Fragen:** wer, was, wann, wo, wie.

1 Notieren Sie drei Adjektive, die Ihnen zu diesem Bild einfallen.

____

____

____

____

____

____

____

____

2 A Lesen Sie den Text aufmerksam durch.

Das Holi-Fest in Indien

In Indien wird jährlich ein buntes Fest gefeiert, das Holi-Fest. Der Termin des Festes liegt im Frühling und es steht für den Neustart der Natur. Die Ankunft des Frühlings wird von den Indern gefeiert, weil sie glauben, dass das Gute gegenüber dem Bösen gewonnen hat. Die Wurzeln dieses Glaubens liegen im Hinduismus. Der Hinduismus ist nach dem Christentum und dem Islam die drittgrößte Religionsgemeinschaft der Erde. Am weitesten ist der Hinduismus in Asien verbreitet.

Der Tag des Holi-Festes ist vor allem bunt. Begleitet von Musik ziehen die Menschen durch die Straßen und feiern. Man bewirft sich gegenseitig mit Wasser und bunten Farbbeuteln. Am Ende des Tages sind alle bunt und niemand ist mehr vom anderen zu unterscheiden. Auch lassen sich keine Unterschiede mehr zwischen Arm und Reich erkennen. Die Hautfarbe und Herkunft spielen ebenfalls keine Rolle mehr. Letztlich feiern alle Menschen gemeinsam in einem bunten Farbenmeer.

In vielen europäischen Ländern findet das indische Holi-Fest seine Nachahmer. Auch auf deutschen Musikfestivals lässt man sich vom Holi-Fest inspirieren. Viele Besucher werfen mit Trockenfarben um sich, sodass schließlich alle Teilnehmer bunt sind. Ein großer Spaß, der von langer Dauer sein kann: Wenn man sich zuvor nicht gut mit Öl eingerieben hat, lässt sich die Farbe später nur sehr schlecht entfernen.

B Kreuzen Sie die richtige Bedeutung des Holi-Festes an.

Das Holi-Fest
- ☐ wird gefeiert, weil die Farbe auf der Haut heilende Wirkung hat.
- ☐ soll daran erinnern, dass das Gute über das Böse siegt.
- ☐ ist ein aus dem Christentum übernommener Brauch.

C Ergänzen Sie das passende W-Fragewort und beantworten Sie die Frage mithilfe des Textes.

Wo • Welcher • Wann • Wer • Wie • Was

W-Fragewort	Frage	Antwort
____________	findet das Farbenfest jährlich statt?	____________
____________	feiert das Holi-Fest?	____________
____________	bezeichnet man das Farbenfest?	____________
____________	wird das Farbenfest gefeiert?	____________
____________	Religionsgemeinschaft gehören die Feiernden an?	____________
____________	nehmen die Besucher mit auf die Straßen?	____________

D Füllen Sie die Lücken mit den Schlüsselbegriffen (Antworten aus Aufgabe C).

In ____________________ [1] wird jährlich das ____________________ [2] gefeiert.

Es ist ein Fest, das zum ____________________ [3] stattfindet. Der Brauch des Festes geht auf

die Religion des ____________________ [4] zurück. Menschen treffen sich

mit ____________________ [5] auf der Straße und verwandeln alles in ein buntes Farbenmeer.

3 Formulieren Sie mit den folgenden Schlüsselbegriffen je einen vollständigen Satz.

Hinduismus	____________________
Holi-Fest	____________________
Farbbeutel	____________________

15 SCHLÜSSELBEGRIFFE ERMITTELN

1 Lesen Sie noch einmal GUT ZU WISSEN auf Seite 56.

2 Wie gehen Sie vor, wenn Sie Schlüsselbegriffe ermitteln? Notieren Sie zwei Stichpunkte.

___

3 A Hören und lesen Sie den Text.

„Dia de los Muertos“

Wenn wir uns vorstellen, eine Party mit lauter Musik, Skelettkostümen und vielen Menschen auf dem Friedhof zu feiern, wirkt das sehr befremdlich. Unvorstellbar eigentlich. Nicht so in Mexiko. Hier wird dieses Ritual einmal jährlich begangen. Der „Tag der Toten“ gilt als Familienfest und ist als wunderbare Geste gegenüber verstorbenen Angehörigen zu verstehen.

Bereits Ende Oktober werden Häuser, Plätze und Straßen festlich geschmückt. Sie werden mit Pappmaché-Skeletten, aufwendig gestalteten Totenköpfen und Blumen dekoriert. Alles ist in ein buntes Meer aus Farben und Blumen getaucht. Süßigkeiten werden besorgt, Brote und Torten werden gebacken, um den „Dia de los Muertos“ zu feiern.

Am ersten und zweiten November wird auch in christlich geprägten Ländern weltweit der Verstorbenen gedacht. In Mexiko glaubt man, dass an diesem Tag die Seelen der verstorbenen Familienmitglieder zu Besuch kommen. Der Tag ist keine Trauerveranstaltung, sondern ein buntes Fest. Man erinnert sich an die Toten und deren Leben, erzählt Geschichten über sie und schwelgt in Erinnerungen.

Manchmal wird der „Tag der Toten“ wegen der Skelettkostüme und des Friedhofsfestes mit Halloween verwechselt. Doch beim „Dia de los Muertos“ geht es nicht darum, sich vor den Toten zu fürchten, sondern die verstorbenen Angehörigen zu feiern. Etwas gruselig wirken die aufwendigen Kostüme und geschminkten Totenmasken der Frauen dennoch. Typisch dafür sind die blumigen Muster auf der Stirn und über den Wangen, die großen, über den Lippen aufgemalten Zähne und der auffallende, dunkle Lidschatten.

B Notieren Sie mithilfe der W-Fragen die Schlüsselbegriffe des Textes.

___

___

C Notieren Sie drei Substantive, die beschreiben, warum man den „Tag der Toten“ in Mexiko feiert.

___

4 Formulieren Sie zu den Schlüsselbegriffen aus Aufgabe 3 B je einen Satz, der den Inhalt des Textes wiedergibt.

GUT ZU WISSEN

Um Fragen zu einem Text beantworten zu können, müssen Sie die entsprechenden **Informationen heraussuchen.** Einfacher ist es, einen Text zu verstehen, wenn Sie Ihr **eigenes Wissen** zum Thema **nutzen.** Im ersten Schritt ist es ratsam, den Text als Ganzes wahrzunehmen. Betrachten Sie die zugehörigen **Abbildungen,** stellen Sie fest, welche **Abschnitte** es gibt, und stellen Sie **Vermutungen** an, worum es inhaltlich gehen könnte. Danach sollten Sie den Text aufmerksam **lesen.** Meist ist es hilfreich, den Text mehrfach zu lesen. Klären Sie **unbekannte Wörter** und markieren Sie **Schlüsselbegriffe,** die für die gesuchte Information wichtig sind. Weisen Sie den einzelnen Fragen **verschiedene Farben** zu und nutzen Sie diese zur Markierung der Antworten im Text. **Notieren** Sie anschließend die **Antworten.**

1 **Die schematische Darstellung zeigt eine Sonnenfinsternis. Überlegen Sie, welche drei Himmelskörper daran beteiligt sind, und beschriften Sie sie.**

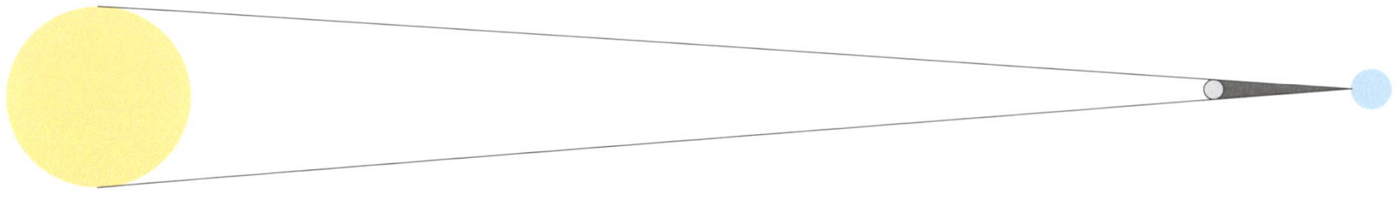

2 **A Lesen Sie den Text aufmerksam durch und klären Sie unbekannte Wörter.**

Ringförmige Sonnenfinsternis

[...] Eine Sonnenfinsternis ist im Grunde ein kosmisches Schattenspiel. Die Hauptrollen spielen Sonne und Mond – wir auf der Erde sind die Zuschauerinnen und Zuschauer. Doch was können wir da eigentlich beobachten?

Der Mond schiebt sich von der Erde aus gesehen vor die Sonne. Je nachdem, wie viel von der Sonne verdeckt wird, sehen wir eine totale, eine ringförmige oder eben partielle Sonnenfinsternis. Wenn der Mond unsere Sonne ganz verdeckt, kann es sogar richtig dunkel werden. Dann wird es mitten am Tag kalt und etwa Vögel denken gar, es ist schon Schlafenszeit. Das ist [...] erst wieder im September 2081.

[...] Dass der Mond die Sonne überdecken kann, liegt an der riesigen Entfernung der Sonne. Unser kleiner Erdtrabant, wie der Mond als unser Begleiter auch genannt wird, ist uns hingegen vergleichsweise nah. Deswegen erscheint er uns auch entsprechend groß, wenn wir zum Himmel blicken. Dass der nahe Mond genau die richtige Größe hat, um die ferne Sonnenscheibe auch mal ganz zu verdecken, ist reiner Zufall. Allerdings müssen sie genau in einer Linie stehen. [...]

Ganz wichtig ist, dass ihr eine spezielle Sonnenfinsternisbrille tragt, wenn ihr das Schattenspiel betrachten möchtet. Diese filtert die gefährlichen Anteile des Sonnenlichts und ist gar nicht teuer – dafür aber umso wertvoller, um eure Augen zu schützen. Eine normale Sonnenbrille oder anderes Selbstgebasteltes reicht auf keinen Fall aus. Lasst außerdem lieber die Finger von Ferngläsern und ähnlichen Apparaten. Im schlimmsten Fall könnt ihr sogar erblinden. [...]

Dass eine Sonnenfinsternis in Deutschland vorkommt, ist sehr selten. [...] Auf die nächste totale Sonnenfinsternis in Deutschland müssen wir nämlich wie erwähnt noch 60 Jahre warten – dann werdet ihr älter sein als eure Eltern heute. Aber dann wird es auch hierzulande für mehrere Minuten richtig finster.

B Ordnen Sie dem jeweiligen Textabschnitt die passende W-Frage zu.

Wann gibt es die nächste Sonnen-finsternis in Deutschland?

Warum kann der Mond die Sonne überdecken?

Welcher Schutz ist beim Betrachten der Sonnenfinster-nis nötig?

Was passiert bei einer Sonnenfinster-nis?

Abschnitt	W-Fragen
1 Zeile 1–8	
2 Zeile 9–13	
3 Zeile 14–18	
4 Zeile 19–22	

C Beantworten Sie die W-Fragen mithilfe des Textes.

D Im Text werden drei Arten von Sonnenfinsternissen beschrieben. Ordnen Sie richtig zu und verbinden Sie.

Partielle Sonnenfinsternis

Ringförmige Sonnenfinsternis

Totale Sonnenfinsternis

Der Durchmesser der Sonne übertrifft den des Mondes, sodass der äußere Rand der Sonne bei einer Finsternis sichtbar bleibt.

Der Durchmesser des Mondes ist scheinbar größer als der der Sonne, sodass der Mond die Sonne vollständig verdeckt.

Die Sonne wird nur teilweise verdeckt und verfinstert sich nur zum Teil.

1 **Lesen Sie noch einmal GUT ZU WISSEN auf Seite 59. Notieren Sie drei Arbeitsschritte, die bei der Beantwortung von Fragen zu einem Text hilfreich sind.**

2 **A Lesen Sie den Text aufmerksam durch und klären Sie unbekannte Wörter.**

Sommer, Sonne – Sonnenbrand?

Sonnenbrand wird von der ultravioletten Strahlung der Sonne verursacht, genauer gesagt von den UV-A- und UV-B-Strahlen. Diese Strahlen sind nicht sichtbar. Sie dringen in die Haut ein und können dort diverse Schäden anrichten, was die Betroffenen häufig erst merken, wenn es bereits zu spät ist.

Ein Sonnenbrand ähnelt einer Verbrennung: Die Haut rötet sich, man spürt ein Hitzegefühl und einen Juckreiz. Auch Kopfschmerzen oder Fieber können die Folge sein. Außerdem kann Sonnenbrand bei Kindern das Risiko erhöhen, später an Hautkrebs zu erkranken.

Der menschliche Körper schützt sich in einem gewissen Maße vor der schädlichen UV-Strahlung, indem er das Pigment Melanin bildet. Dieses ist sozusagen das körpereigene Sonnenschutzmittel. Manche Menschen können sehr viel Melanin in der Haut sammeln, andere nur wenig. Der in Mitteleuropa häufig vorkommende Hauttyp 1 ist besonders blass. Bei Menschen dieses Hauttyps beträgt die Eigenschutzzeit der Haut nur wenig mehr als 10 Minuten. Aber auch Personen mit einer dunkleren Haut können einen Sonnenbrand bekommen.

Sonnencreme hilft beim Schutz vor den UV-A- und UV-B-Strahlen. Auf der Tube oder Flasche steht jeweils der Lichtschutzfaktor. Multipliziert man diese Zahl mit der Eigenschutzzeit der Haut, kann man errechnen, wie lange die Creme den Körper schützt. Mit einer Sonnencreme mit Lichtschutzfaktor 50 kann man sich also 50-mal länger in der Sonne aufhalten, ohne zu verbrennen. Geht man zwischendurch ins Wasser, sollte man sich besser noch einmal eincremen, um einen Sonnenbrand zu vermeiden.

B Entscheiden Sie, ob die Aussagen richtig oder falsch sind. Finden Sie so das Lösungswort.

Aussage	richtig	falsch
Viele Menschen merken den Sonnenbrand erst, wenn es zu spät ist.	S	Y
Die Sonne schickt ultraviolettes Licht, das das Auge nicht erkennen kann.	T	A
Melanin wird auf die Haut aufgetragen, es ist in der Apotheke erhältlich.	E	R
Die Eigenschutzzeit von Hauttyp 1 beträgt nur etwa 10 Minuten.	O	A
Je dunkler die Haut, desto schneller sollte man in den Schatten flüchten.	U	H
Menschen mit dunklem Hauttyp können keinen Sonnenbrand bekommen.	M	H
Der Lichtschutzfaktor gibt an, um wievielmal sich die Eigenschutzzeit der Haut durch die Sonnencreme verlängert.	U	N
Nach dem Baden sollte man sich noch einmal eincremen.	T	E

Lösungswort: ______________________

GUT ZU WISSEN

Einen Internetbeitrag oder einen Zeitungsartikel zu einem bestimmten Thema zu lesen, ist nur sinnvoll, wenn man als Leserin oder Leser dazu in der Lage ist, sich den Text zu **erschließen.** Dies bedeutet, das persönliche **Weltwissen** zu erweitern, in der Lage zu sein, den Inhalt in eigenen Worten wiederzugeben, und auf Nachfrage die richtige Antwort zu haben. Das gelingt, wenn man einen Text **thematisch, strukturell** und **inhaltlich** versteht. Dafür braucht es passende Arbeitstechniken. Dazu gehören das Klären **unbekannter Wörter,** das Bilden von **Zwischenüberschriften** nach Abschnitten, das Herausfiltern von **Schlüsselbegriffen** sowie ein sinnvolles **Markieren** von Inhalten, um **Fragen** zum Text gezielt beantworten zu können.

1 **Richtig oder falsch? Testen Sie Ihr Wissen beim Alpaka-Quiz und kreuzen Sie an.**

	richtig	falsch
Alpakas leben auch in Deutschland.		
Alpakawolle ist nicht besonders wertvoll.		
Alpakas gehören zur Familie der Kamele.		

2 **A Lesen Sie den Text aufmerksam und klären Sie unbekannte Wörter.**

Das Alpaka

[...] Das Alpaka [...] gehört zur Familie der Kamele (Camelidae) und zur Ordnung der Paarhufer. Besonders bekannt sind die Tiere für ihre warme und sehr weiche Alpakawolle, die neben Seide und Kaschmir zu den kostbarsten Geweben der Welt zählt [...].

Alpakas haben lange schmale Beine und einen langen dünnen Hals. Wie alle Neuweltkamele in Südamerika besitzen auch sie keinen Höcker. Ein ausgewachsenes Alpaka kann zwischen 80 und 100 Zentimeter hoch (Rückenhöhe) werden und bringt zwischen 65 und 75 Kilogramm, Hengste sogar bis zu 80 Kilogramm auf die Waage. Damit sind die Tiere wesentlich kleiner und leichter als Lamas. [...]

Alpakas leben überwiegend in Südamerika, vorrangig in den Regionen der Anden. Die Tiere sind perfekt an das Klima in den kalten Höhenlagen angepasst. [...]

Das Alpaka ernährt sich hauptsächlich von frischem Gras und im Winter auch von Heu.

Obwohl man meinen sollte, dass die Tiere keine Flüssigkeit zu vergeuden hätten, kann es dennoch vorkommen, dass Alpakas buchstäblich vor Zorn spucken. [...]

Ein Alpaka spuckt außerdem, wenn es sich bedroht fühlt oder wenn die Rangordnung geklärt werden muss. [...]

Nicht nur in Südamerika, sondern auch in Deutschland lassen sich Alpakas halten. [...]

Die Tiere kommen mit dem Klima so gut zurecht, dass es sogar einige Alpaka-Zuchten in Deutschland gibt. Da Alpakas sehr gesellige Tiere sind und gern in Herden leben, sollten sie niemals allein gehalten werden. [...]

B Markieren Sie wie gewohnt die Schlüsselbegriffe im Text und vergleichen Sie Ihre Ergebnisse im Anschluss mit Ihrer Partnerin oder Ihrem Partner.

C Lösen Sie das Kreuzworträtsel mithilfe des Textes.

Die gesuchten Wörter stehen waagerecht hinter den Ziffernkästchen. Umlaute werden mit zwei Buchstaben geschrieben. Bei richtiger Lösung steht das Lösungswort senkrecht in den markierten Kästchen.

Die [1] ist sehr kostbar.
Der [2] der Alpakas ist überwiegend in Südamerika.
Ein Alpaka [3], wenn es sich bedroht fühlt.
Das Futter von Alpakas ist frisches [4] oder Heu.
Wie alle Neuweltkamele besitzen Alpakas keine [5].
Die Tiere können mittlerweile auch gut in [6] leben.

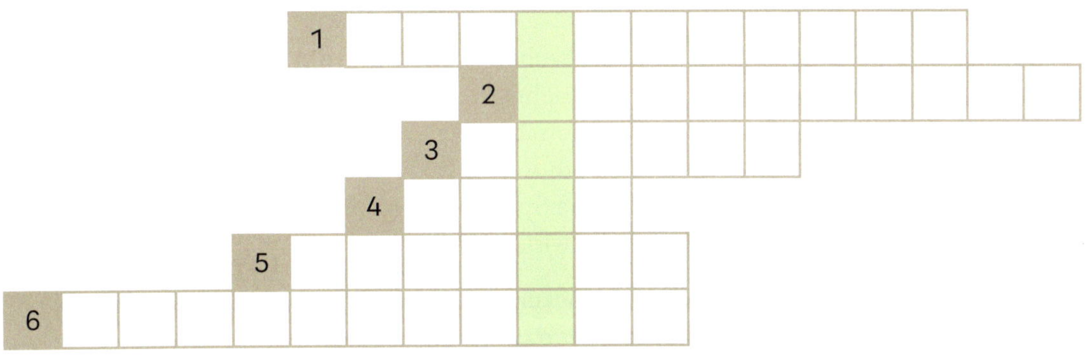

D Kreuzen Sie an, ob die Aussagen richtig oder falsch sind.

Aussage	richtig	falsch
Alpakas gehören wie die Kamele zur Ordnung der Paarhufer.		
Alpakas leben meist in Südafrika, vorrangig in den Regionen der Anden.		
Das Alpaka spuckt, um Freude auszudrücken.		
In Deutschland können Alpakas wegen des Klimas nicht so gut leben.		

E Geben Sie den Textinhalt mithilfe der Schlüsselbegriffe wieder.

F Beantworten Sie die folgenden W-Fragen.

Warum spucken Alpakas?	
Wie steht es um die Haltung der Alpakas in Deutschland?	

1 **Lesen Sie noch einmal GUT ZU WISSEN auf Seite 62 und notieren Sie, was es bedeutet, einen Text zu erschließen.**

2 **A** **Lesen Sie den Text aufmerksam und klären Sie unbekannte Wörter.**

Echte Überlebenskünstler: Kamele

Kamele leben vor allem in trockenen Steppen, Halbwüsten und Wüsten. Dafür sind sie perfekt ausgestattet. Insbesondere können sie sehr gut mit Wasser haushalten. Sie schwitzen weniger als viele andere Säugetiere, weil ihre Körpertemperatur variabel ist und um bis zu 8 Grad Celsius schwanken kann. Außerdem sind Kamele in der Lage, in kurzer Zeit sehr viel zu trinken. Als Nahrung können ihnen auch dornige oder salzhaltige Pflanzen dienen.

Zum Schutz vor Sand und Staub können Kamele ihre Nasenlöcher durch Muskeln verschließen. Beim Ausatmen ist es Kamelen möglich, der Atemluft Wasser zu entziehen und damit Blut, Augen und Gehirn zu kühlen.

Was die Schnelligkeit angeht, mit der sie trinken, brechen Kamele alle Rekorde: Etwa 200 Liter Wasser kann ein Kamel in einer Viertelstunde aufnehmen, ohne dass der Körper überwässert wird. Beim Speichern von Wasser helfen den Kamelen ihre roten Blutkörperchen, die nicht rund, sondern oval geformt sind und sich bis auf das Zweihundertfache ihrer normalen Größe dehnen können. Der Magen eines Kamels enthält zahlreiche Speicherzellen, in die Nährstoffe und Flüssigkeit so lange eingelagert werden, bis das Tier sie wirklich braucht.

Entgegen der verbreiteten Meinung dienen die Höcker eines Kamels nicht als Wassertank. Sie sind vielmehr ein Fettspeicher. In Notzeiten schöpft das Tier daraus Energie.

Und noch etwas ist bei Kamelen einzigartig: Ihre Nieren sind so konstruiert, dass dem Urin viel Wasser entzogen und an den Körper zurückgeführt werden kann. Deshalb können Kamele problemlos Salzwasser trinken und salzhaltige Pflanzen fressen.

Kamele sind Schwielensohler: Ihre Zehen liegen auf einem Polster aus Bindegewebe, das eine breite Fläche bildet. Die gespreizte Form der Füße verhindert, dass ein Kamel im weichen Wüstensand einsinkt. Zudem schützt die dicke Sohle vor spitzem Gestein und der Hitze des Bodens.

B **Nummerieren Sie die Abschnitte und formulieren Sie Zwischenüberschriften.**

1 *Weltmeister im Wassersparen* 2 ____________

3 ____________ 4 ____________

5 ____________ 6 ____________

C **Markieren Sie die Schlüsselbegriffe im Text. Geben Sie mithilfe dieser Schlüsselbegriffe den Textinhalt wieder.**

D **Beantworten Sie die Fragen zum Text in ganzen Sätzen.**

1 Welche Funktion haben die Höcker der Kamele?
2 Warum können Kamele Salzwasser trinken?

GUT ZU WISSEN

Um festzustellen, ob Sie der **Inhalt** eines Sachtextes interessiert und sich das Lesen lohnt, greifen Sie auf eine **Zusammenfassung** zurück. Möglicherweise werden Sie auch gebeten, nach dem Lesen eines Textes oder dem Anschauen eines Films einer Person eine Zusammenfassung in **eigenen Worten** zu geben. Eine Inhaltsangabe hat einen bestimmten **Aufbau,** den man beim Verfassen unbedingt berücksichtigen sollte. Sie beginnt mit einer **Einleitung,** die Angaben zur Autorin / zum Autor, Titel, Quelle und Erscheinungsdatum enthält und auch das Thema des Textes benennt. Im **Hauptteil** werden die wichtigsten Inhalte des Textes sachlich wiedergegeben. Im **Schlusssatz** kann die Meinung der Autorin / des Autors zur Sprache kommen oder die Bedeutung des Themas eingeschätzt werden. Die Inhaltsangabe wird in der Zeitform des Präsens verfasst.

1 **Betrachten Sie das Bild und notieren Sie Ihre Gedanken dazu.**

2 **A Lesen Sie den Text „Plastik im Meer“ und klären Sie unbekannte Wörter.**

Plastik im Meer: Die Folgen der Vermüllung für Umwelt und Tiere

von Friederike Huth

[...] Jedes Jahr landen etwa 10 Millionen Tonnen Plastik und anderer Müll im Meer. Ein Teil davon sammelt sich zu fünf großen Müllstrudeln, von denen sich einer im Pazifik befindet. Der sogenannte Pacific Garbage Patch erstreckt sich über eine Fläche von 1,6 Millionen Quadratkilometern und besteht aus rund 80.000 Tonnen Plastik – damit ist er dreimal so groß wie Frankreich. [...]

Ein Großteil dieses Abfalls entsteht durch die Verschmutzung auf dem Festland, wo Plastiktüten, PET-Flaschen oder Zigarettenstummel achtlos in die Natur geworfen werden. Über den Wind und die Flüsse gelangt der Abfall schließlich in die Meere. [...]

Tiere, die ihre Nahrung aus dem Wasser filtern, verwechseln die winzigen Plastikteile mit Plankton. [...] Über die Nahrungskette verbreitet sich das Plastik dann weiter, bis es auf dem Teller der Menschen ankommt.

Die durch das Plastik aufgenommenen Weichmacher und Flammschutzmittel schaden sowohl Tieren als auch Menschen: Bis zu 135.000 Meeressäuger und eine Million Meeresvögel sterben jedes Jahr aufgrund der Vermüllung der Ozeane. Größere Plastikteile werden von Wildtieren oft mit Nahrung verwechselt. Seeotter ersticken an Plastikringen von Dosen-Sixpacks und Meeresschildkröten verwechseln Einkaufstüten mit Quallen. Vögel nehmen den Geruch des Plastikmülls als Nahrungsgeruch wahr und füttern ihre Jungen damit, was dazu führt, dass die Küken mit vollem Bauch verhungern. [...] Wissenschaftler:innen gehen davon aus, dass bis 2050 so gut wie jeder Meeresvogel Plastik im Magen haben wird, wenn die Meeresverschmutzung so weitergeht. [...]

https://www.peta.de/themen/plastik-muell-im-meer/, 18.02.2022

18 EINEN TEXT ZUSAMMENFASSEN

B Markieren Sie alle Schlüsselbegriffe im Text.

C Ordnen Sie die folgenden Überschriften dem jeweiligen Textabschnitt zu.

Zwischenüberschrift	Textabschnitt und Zeile
Schwere Schäden bei Tieren	
Der Müllstrudel Pacific Garbage Patch	
Plastik gelangt in Lebensmittel	
Der Plastikmüll gelangt ins Meer	

D Notieren Sie die Angaben, die Sie für die Einleitung der Inhaltsangabe benötigen.

Titel des Textes	
Autorin	
Erscheinungsjahr	
Quelle	
Thema	

E Formulieren Sie mithilfe dieser Angaben eine Einleitung der Inhaltsangabe.

F Beantworten Sie zur Vorbereitung des Hauptteils die W-Fragen zum Text.

Wo spielt das Geschehen?	
Wer steht im Mittelpunkt des Textes?	
Was ereignet sich?	

G Verfassen Sie den Hauptteil der Inhaltsangabe mithilfe der W-Fragen aus Aufgabe F und formulieren Sie einen Schlusssatz.

18 EINEN TEXT ZUSAMMENFASSEN

1 **Lesen Sie noch einmal GUT ZU WISSEN auf Seite 65 und machen Sie sich den Aufbau einer Inhaltsangabe bewusst.**

2 **A Lesen Sie den Text „Artensterben“ und klären Sie unbekannte Wörter.**

Artensterben – Zahl der Haie und Rochen in Meeren extrem gesunken

[...] In den Meeren gibt es deutlich weniger Haie und Rochen. Forscher der Simon Fraser University im kanadischen Burnaby liefern dazu alarmierende Zahlen. Schuld am Artensterben sei demnach auch die Überfischung.

Die Zahl der Haie und Rochen in den Weltmeeren ist Wissenschaftlern zufolge in den vergangenen 50 Jahren um mehr als 70 Prozent gesunken. Seit 1970 habe die Zahl dieser Tiere in den Ozeanen um 71 Prozent abgenommen, schreiben Forscher um Nathan Pacoureau von der Simon Fraser University im kanadischen Burnaby in einer am Mittwoch im Fachjournal „Nature“ veröffentlichten Studie.

Mehr als drei Viertel aller im Meer lebenden Arten von Haien und Rochen seien in ihrem Bestand gefährdet. Drei Hai-Arten – der Weißspitzen-Hochseehai, der Bogenstirn-Hammerhai und der Große Hammerhai – seien sogar akut vom Aussterben bedroht.

Grund dafür sei vor allem die Überfischung. Die Anzahl der von Fischern gefangenen Haie und Rochen im Vergleich zur Gesamtpopulation dieser Tiere sei seit 1970 um das 18-fache gestiegen. [...]

Regierungen weltweit müssten dringend handeln, um das Aussterben zahlreicher Hai- und Rochenarten zu verhindern, fordern die Wissenschaftler. Beispielsweise müssten diverse Fang-Obergrenzen eingeführt werden, damit sich die Bestände erholen könnten.

B Visualisieren Sie den Inhalt des Textes mit einem Schaubild. Tragen Sie die Antworten auf die W-Fragen in Stichpunkten in das Schaubild ein.

Ursache *Woher* kommt das Problem? __________ __________	*Welches* **Problem** wird beschrieben? __________	**Folgen** *Wie* zeigt sich das Problem? __________ __________ __________
	Lösung *Was* lässt sich dagegen tun? __________	

C Formulieren Sie mithilfe des Schaubilds Hauptteil und Schluss der Inhaltsangabe.

19 EIN DIAGRAMM AUSWERTEN

GUT ZU WISSEN

Mithilfe von Diagrammen lassen sich **Informationen übersichtlich darstellen** und miteinander vergleichen. Diagramme können beispielsweise Temperaturentwicklungen, Bevölkerungsentwicklungen oder Wahlergebnisse abbilden und begegnen Ihnen im Alltag **häufig**. Wenn Sie Diagramme auf einen Blick erfassen, sind Sie in der Lage, die für Sie relevanten Informationen schnell herauszufiltern. Je nachdem, was dargestellt werden soll, eignen sich **unterschiedliche Typen von Diagrammen,** zum Beispiel Kreis-, Säulen-, Kurven- oder Balkendiagramme.

1 Ordnen Sie die folgenden Begriffe den Abbildungen zu.

das Säulendiagramm • das Balkendiagramm • das Kurvendiagramm • das Kreisdiagramm

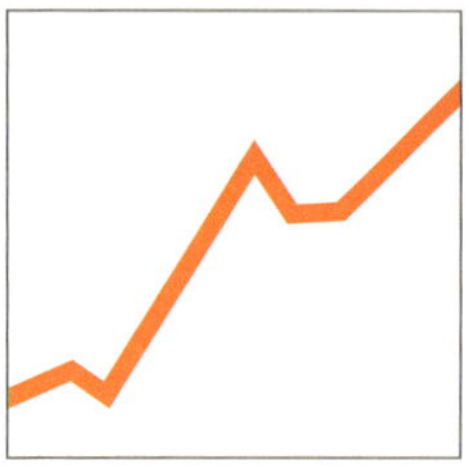

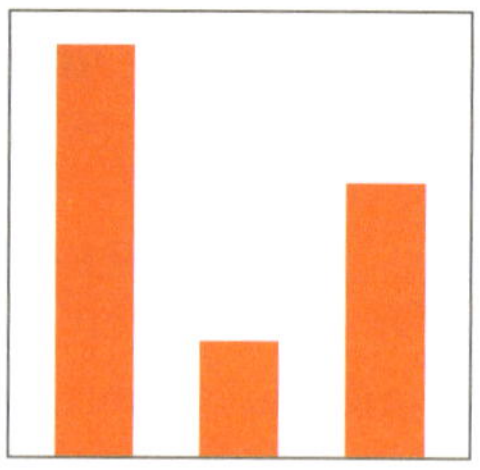

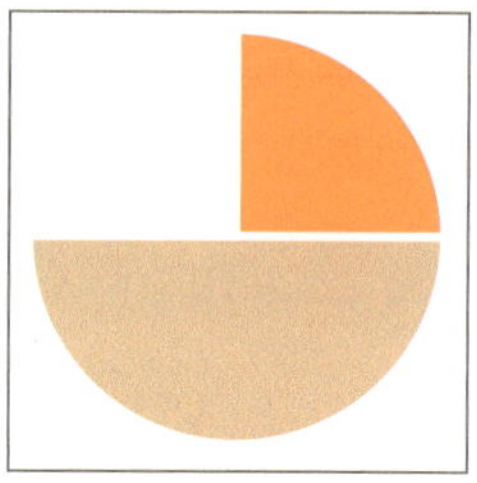

2 A Notieren Sie, um welches Thema es in diesem Schaubild geht.

____

____

____

____

____

____

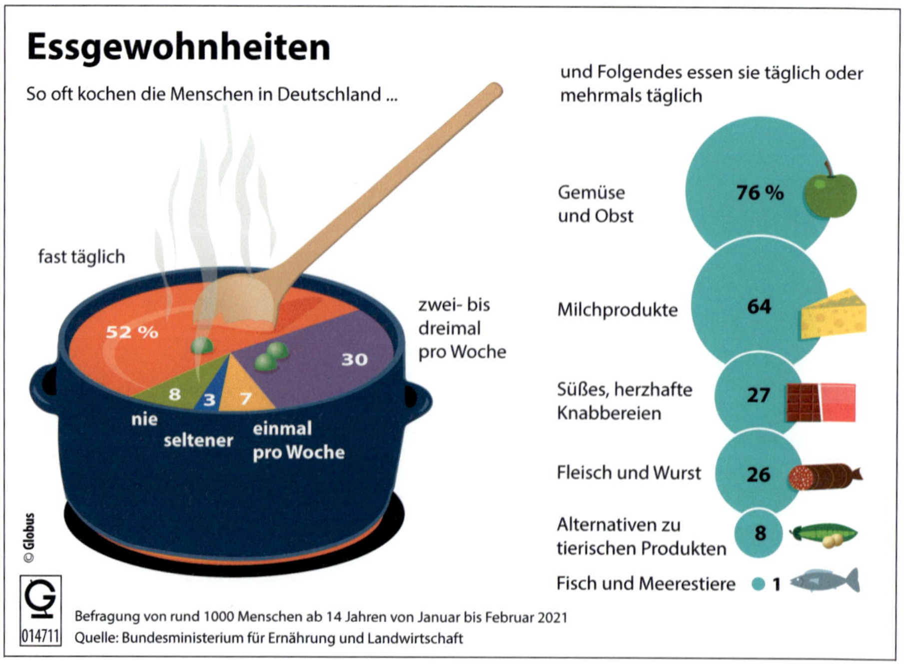

B Was wird im Kreisdiagramm auf der linken Seite dargestellt? Kreuzen Sie die richtige Antwort an.

Es wird dargestellt,
- ☐ wie oft die Menschen in Deutschland kochen.
- ☐ was die Menschen in Deutschland zu sich nehmen.
- ☐ wie hoch in Deutschland der Pro-Kopf-Verbrauch von Suppe ist.

C Notiere Sie, welche Personen befragt wurden.

____

D Rechts neben dem Kreisdiagramm werden weitere Prozentsätze zu Lebensmitteln angegeben. Welche Informationen lassen sich dieser Darstellung entnehmen?

____

E Setzen Sie anhand des Schaubilds von Seite 68 die richtige Prozentzahl ein.

______ % der Menschen in Deutschland kochen fast täglich.

______ % der Menschen in Deutschland nehmen täglich Milchprodukte zu sich.

Fisch und Meerestiere isst ______ % der Menschen in Deutschland täglich.

______ % der Menschen in Deutschland kochen nie selbst.

______ % der Menschen in Deutschland essen täglich Fleisch und Wurst.

______ % der Menschen in Deutschland kochen zwei- bis dreimal die Woche.

F Übertragen Sie die Informationen des Kreisdiagramms in ein Säulendiagramm. Arbeiten Sie zu zweit.

19 EIN DIAGRAMM AUSWERTEN

1 Lesen Sie noch einmal GUT ZU WISSEN auf Seite 68.

2 A Notieren Sie, um welchen Diagrammtyp es sich bei der Grafik rechts handelt.

____

B Notieren Sie das Thema des Diagramms in einem Satz.

____

____

____

____

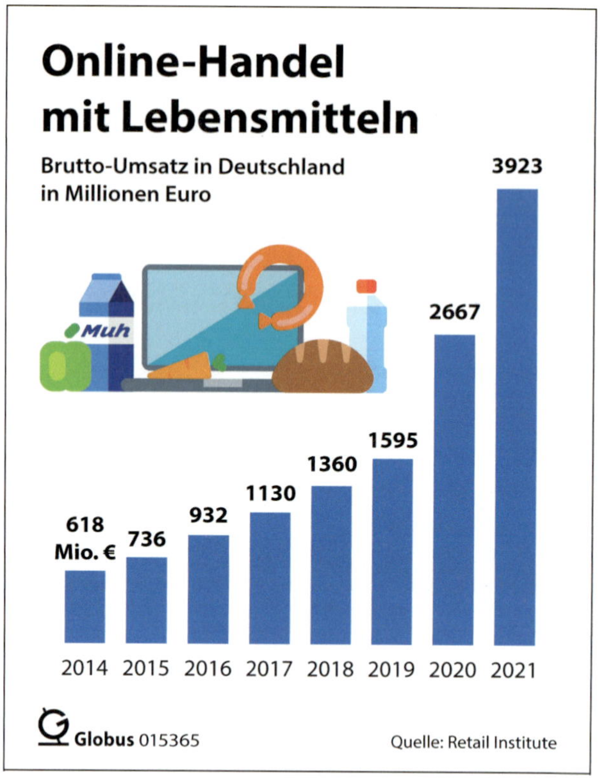

C Erläutern Sie die Entwicklung, die im Diagramm dargestellt ist.

____

____

____

D Diskutieren Sie, welche Gründe vermutlich zu dieser Entwicklung geführt haben. Machen Sie dazu Notizen.

____

____

____

E Tauschen Sie sich darüber aus, welche Berufsgruppen von dieser Entwicklung betroffen sind und inwieweit sich deren Berufsalltag verändert. Machen Sie sich vorher dazu Notizen.

____

____

____

____

GUT ZU WISSEN

Tabellen gelten als gängige **Darstellungsform.** Sie haben die Funktion, **Informationen in Form von Listen** darzustellen, um einen **Vergleich** zu ermöglichen oder einen Überblick zu geben. Dabei werden Inhalte in **Zeilen** (waagerecht) und **Spalten** (senkrecht) abgebildet. Tabellen werden ausgewertet, indem man die Inhalte miteinander vergleicht. Das Thema der Tabelle wird in einer Überschrift benannt.

1 **Notieren Sie Alltagssituationen, in denen Ihnen Tabellen oder tabellarische Auflistungen begegnen.**

2 **A Lesen Sie die folgende Mitteilung des Schulleiters und schauen Sie sich die Tabelle auf der nächsten Seite an.**

Liebe Schülerinnen und Schüler,

vielen Dank, dass Sie sich bereit erklärt haben, uns beim Tag der offenen Tür am kommenden Samstag zu unterstützen und unsere Schule künftigen Schülerinnen und Schülern vorzustellen. Um einen reibungslosen Ablauf des Tages sicherzustellen, haben wir eine tabellarische Übersicht mit Ansprechpartner, Einsatzort und Zeit zusammengestellt.

Mit freundlichen Grüßen

Ihr Schulleiter

20 EINE TABELLE AUSWERTEN

Einsatzplan „Tag der offenen Tür“						
Name	**Vorname**	**An-sprech-partner**	**Stand**	**8–12 Uhr**	**12–16 Uhr**	**Bemerkung**
Adam	Nico		Grill	x		
Araci	Merit		Getränke		x	macht Fotos
Bonn	Kevin		Kasse		x	
Dietz	Susi		Kuchen	x		
Dominus	Sandro		Grill		x	erstellt Veranstaltungsbericht
Ellwang	Estelle		Kuchen	x		
Essner	Mona		Infostand	x		
Guilano	Gina		Getränke		x	
Jansen	Bastian		Grill		x	
Johnson	Mike		Getränke	x		
Klein	Miriam		Führung	x		
Kurz	Theo		Führung	x		macht Fotos
Kovacevic	Milos		Grill	x		
Lang	Vanessa		Führung		x	
Müller	Kevin		Führung		x	unterstützt beim Aufbau
Münster	Timo		Führung	x		
Rodriguez	Miguel		Führung	x		
Römer	Sandra		Kuchen		x	macht Fotos
Staudt	Anastasia		Kuchen		x	
Yilmaz	Zeynap		Kasse	x		
Zöller	Paul		Getränke	x		erstellt Veranstaltungsbericht

________	________		________			________________

B Kreuzen Sie die richtige Antwort an.

☐ Die Tabelle enthält 7 Spalten und 23 Zeilen. ☐ Die Tabelle enthält 23 Spalten und 7 Zeilen.

C Formulieren Sie in einem Satz, welchen Inhalt die Tabelle zeigt.

____

____

D Wer ist es? Notieren Sie die Namen der Personen, die verantwortlich sind.

Wer ...	Namen
... ist von 12 bis 16 Uhr am Grillstand eingeteilt?	
... erstellt die Veranstaltungsberichte?	
... unterstützt beim Aufbau?	
... sitzt von 8 bis 12 Uhr an der Kasse?	
... ist von 8 bis 12 Uhr am Infostand?	
... ist von 12 bis 16 Uhr bei den Getränken eingeteilt?	
... sorgt für Fotos?	

E Welche Spalte ist noch ohne Angabe? ______________________

F Tragen Sie mit Blick auf die Tabelle von Seite 72 die richtige Anzahl ein.

______	machen Fotos.
______	führen Besucher/-innen durch das Schulhaus.
______	hilft beim Aufbau.
______	sind pro Schicht am Kuchen eingeteilt.
______	erstellen einen Veranstaltungsbericht.
______	haben sich für den Grillstand gemeldet.
______	haben sich insgesamt zum Helfen gemeldet.

G Ergänzen Sie die Tabelle auf Seite 72 mit den Angaben zu Ihrer eigenen Person. Sie werden von 12 bis 16 Uhr bei den Führungen und beim Aufbau unterstützen.

20 EINE TABELLE AUSWERTEN

1 Lesen Sie noch einmal GUT ZU WISSEN auf Seite 71.

Busfahrplan der Linie 8

Haltestellen	Montag–Freitag								
Friedhofstraße **ab**	06:03	07:03	08:03	08:33	alle 30 min	17:03	18:03	19:03	20:03
Hauptstraße	06:07	07:07	08:07	08:37		17:07	18:07	19:07	20:07
Zoologischer Garten	06:10	07:10	08:10	08:40		17:10	18:10	19:10	20:10
Wiesengasse	06:13	07:13	08:13	08:43		17:13	18:13	19:13	20:13
Opernplatz	06:17	07:17	08:17	08:47		17:17	18:17	19:17	20:17
Goetheallee	06:21	07:21	08:21	08:51		17:21	18:21	19:21	20:21
Uferpromenade	06:24	07:24	08:24	08:54		17:24	18:24	19:24	20:24
Südbahnhof	06:30	07:30	08:30	09:00		17:30	18:30	19:30	20:30
Heinrich-Heine-Straße	06:36	07:36	08:36	09:06		17:36	18:36	19:36	20:36
Schulzentrum	06:45	07:45	08:45	09:15		17:45	18:45	19:45	20:45
Universität Süd	06:51	07:51	08:51	09:21		17:51	18:51	19:51	20:51
Albert-Einstein-Straße	06:55	07:55	08:55	09:25		17:55	18:55	19:55	20:55
Hauptbahnhof **an**	07:00	08:00	09:00	09:30		18:00	19:00	20:00	21:00

2 Lesen Sie den Busfahrplan. Entscheiden Sie über die Abfahrtszeit und Haltestelle zum Ein- und Ausstieg. Halten Sie Ihre Ergebnisse tabellarisch fest.

Max: Ich wohne in der Wiesengasse und muss um 8:00 Uhr in der Schule sein.

Timo: Ich möchte um 17:30 Uhr beim Fitnesscenter in der Uni sein. Von meinem Zuhause aus in der Hauptstraße muss der Weg gut geplant sein.

Anastasia: Heute habe ich bis 15:20 Uhr Unterricht. Da ich aus der Nachbarstadt komme, muss ich zum Hauptbahnhof, um meinen Zug zu erwischen.

Person	Abfahrtszeit	Haltestelle Einstieg	Haltestelle Ausstieg

GUT ZU WISSEN

Argumentierende Texte beziehen zu einem strittigen Thema **Position.** Oft werden im Text **Argumente für oder gegen eine Sache** geliefert. Die Aufgabe der Leserin oder des Lesers ist es, die Argumente aus dem Text zu filtern und sie mit der eigenen Meinung abzugleichen. Nur wer verschiedene Argumente zu einer Frage oder einem Problem kennt, kann **begründet seine Meinung abgeben.**
Ein Argument folgt einem besonderen Aufbau. Es besteht aus drei Teilen (den „3 B's"): **Behauptung, Begründung, Beispiel.**

1 **Sammeln Sie Situationen, in denen man starke Argumente braucht, um zu überzeugen.**

2 **Ordnen Sie die folgenden Sätze dem jeweiligen Teil des Arguments zu.**

Behauptung • Begründung • Beispiel

Zum Beispiel lassen sich meine Eltern dadurch besser von meinen Ideen überzeugen.	weil man durch einen logischen Aufbau eines Arguments überzeugender wirkt.	Es ist wichtig, den Aufbau eines Arguments zu kennen,
______	______	______

3 **A Tauschen Sie sich darüber aus, wer von Ihnen ein Ehrenamt ausübt.**

B Lesen Sie die Texte.

Chancen und Grenzen des Ehrenamts

PRO

Dein Selbstwertgefühl wird durch ein Ehrenamt gesteigert, da du bei deinen ehrenamtlichen Tätigkeiten auch immer viel Dankbarkeit zurückbekommst und gleichzeitig das Gefühl hast, dass du etwas Sinnvolles tust. Beispielsweise haben Umfragen gezeigt, dass Menschen, die sich ehrenamtlich einbringen, zufriedener mit sich selbst sind.

Das Ehrenamt wird als „Kleber der Gesellschaft" bezeichnet, weil das gesellschaftliche Leben in vielen Bereichen zum Erliegen kommen würde, wenn alle Leistungen bezahlt werden müssten. Zum Beispiel gilt das Ehrenamt des Wahlhelfers in Deutschland als staatsbürgerliche Pflicht.

KONTRA

Das Ehrenamt ist belastend, weil man dramatische Erfahrungen machen oder dramatische Erlebnisse haben kann, zum Beispiel wenn man Mitglied der Freiwilligen Feuerwehr ist und zu einem Autounfall gerufen wird.

Das Ehrenamt ist zeitintensiv, weil die Aufgaben und Verpflichtungen neben Schule oder Berufstätigkeit ausgeübt werden. Zum Beispiel finden Vereinstreffen immer am Nachmittag oder abends statt, also in der persönlichen Freizeit.

21 EINEN ARGUMENTIERENDEN TEXT VERSTEHEN

C **Unterstreichen Sie die einzelnen Teile der Argumente in den Texten auf Seite 75 (Behauptung, Begründung, Beispiel).**

D **Markieren Sie in den Texten die Signalwörter, die Behauptungen und Beispiele einleiten. Ordnen Sie die Signalwörter in die Tabelle ein.**

Behauptung	Beispiel
______	______
______	______

E **Formulieren Sie ein Argument für das Ehrenamt unter dem Stichwort *Nächstenliebe*.**

Das Ehrenamt ______, weil

______

Zum Beispiel ______

______

F **Ergänzen Sie ein Argument gegen das Ehrenamt unter dem Stichwort *Geld*.**

Das Ausüben eines Ehrenamts ______, weil

______

Zum Beispiel ______

______

G **Verfassen Sie eine Schlussfolgerung. Halten Sie Ihre eigene Meinung zum Thema Ehrenamt fest, indem Sie den Aufbau eines Arguments berücksichtigen.**

______

______

______

______

______

______

21 EINEN ARGUMENTIERENDEN TEXT VERSTEHEN

1 Lesen Sie noch einmal GUT ZU WISSEN auf Seite 75 und notieren Sie die drei Teile eines Arguments.

__________________ + __________________ + __________________ = **Argument**

2 Was ist Ihre spontane Meinung zu dieser Schlagzeile? Tauschen Sie sich dazu aus.

> **Politik diskutiert über die Einführung eines verpflichtenden Freiwilligen Sozialen Jahres (FSJ) für ALLE SchulabgängerInnen**

3 **A** Lesen Sie den Kommentar auf die Schlagzeile.

Kommentar

Ein verpflichtendes Freiwilliges Soziales Jahr (FSJ) für ALLE SchulabgängerInnen – na endlich, kann ich da nur sagen! Sinnvoll und längst überfällig meiner Meinung nach.

Die jungen Menschen haben nach dem Verlassen der Schule gar keine Idee, wohin es beruflich für sie gehen soll, daher bietet ein FSJ die optimale berufliche Orientierung. Beispielsweise gibt es unter den Auszubildenden, die vorher in den Bereich reingeschnuppert haben, viel weniger Ausbildungsabbrecher.

Zudem stärkt das Absolvieren eines FSJs die eigene Persönlichkeit, weil man nach einer langen Schulzeit zum ersten Mal selbstständig und eigenständig arbeiten muss. Ehemalige FSJlerInnen haben berichtet, dass sie sich nach ihrem Jahr viel selbstbewusster und sicherer gefühlt haben – erwachsener eben.

Von mir gibt's für diese Überlegungen einen klaren „Daumen hoch".

Franzi aus Bielefeld

B Unterstreichen Sie die einzelnen Teile des Arguments im Text (Behauptung, Begründung, Beispiel).

C Formulieren Sie zwei Argumente, die gegen ein verpflichtendes FSJ sprechen.

Behauptung	Begründung	Beispiel
______	______	______
______	______	______
Behauptung	**Begründung**	**Beispiel**
______	______	______
______	______	______

D Formulieren Sie Ihre eigene Haltung zu einem verpflichtenden FSJ. Berücksichtigen Sie den Aufbau eines Arguments.

22 EINEN GESETZESTEXT VERSTEHEN

GUT ZU WISSEN

Gesetzestexte sind von besonderer Bedeutung und gelten für alle Bürgerinnen und Bürger. Da diese Texte über **Rechte und Pflichten** informieren, ist es unbedingt erforderlich, sie zu entschlüsseln, um sie gegebenenfalls zur Anwendung zu bringen. Nur so kann eine **gesellschaftliche Teilhabe** aller gelingen. Das Wissen um die persönlichen Rechte und Pflichten kann auch die eigene Selbstsicherheit stärken.
Obwohl Gesetzestexte oftmals **kompliziert formuliert sind,** können sie mit der richtigen Herangehensweise verstanden werden. Die einzelnen Abschnitte der Gesetze und Verordnungen werden **Paragrafen** genannt. Sie starten mit dem Paragrafzeichen: §.
Das **Berufsbildunggesetz** (BBIG) regelt im Kapitel 1 die **Berufsausbildung.**

1 Einige von Ihnen starten bald ihre Ausbildung. Sammeln Sie Vorteile einer Berufsausbildung.

Eine Berufsausbildung ist sinnvoll, weil ...
Wenn man eine Lehre macht, ...
Ausgebildete Fachkräfte können leichter ...

2 Als Auszubildende/Auszubildender haben Sie Rechte und Pflichten. Sortieren Sie.

Rechte		Pflichten
	• Ausbildungsvertrag bekommen • Berichtsheft führen • Ausbildungsvergütung erhalten • Pausenzeiten einhalten • Zeugnis erhalten • Betriebsgeheimnisse wahren • Anweisungen folgen • Sorgsam mit Arbeitsmitteln umgehen	

3 Formulieren Sie drei ganze Sätze aus den Stichworten von Aufgabe 2.

Beispiel: Ich habe das Recht, dass mir ein Ausbildungsvertrag ausgestellt wird.

Es ist meine Pflicht,

4 A **Lesen Sie den Auszug aus dem Berufsbildungsgesetz (BBiG).**

Pflichten der Auszubildenden

§ 13 Verhalten während der Berufsausbildung

Auszubildende haben sich zu bemühen, die berufliche Handlungsfähigkeit zu erwerben, die zum Erreichen des Ausbildungsziels erforderlich ist. Sie sind insbesondere verpflichtet,

1. die ihnen im Rahmen ihrer Berufsausbildung aufgetragenen Aufgaben sorgfältig auszuführen,
2. an Ausbildungsmaßnahmen teilzunehmen, für die sie nach § 15 freigestellt werden,
3. den Weisungen zu folgen, die ihnen im Rahmen der Berufsausbildung von Ausbildenden, von Ausbildern oder Ausbilderinnen oder von anderen weisungsberechtigten Personen erteilt werden,
4. die für die Ausbildungsstätte geltende Ordnung zu beachten,
5. Werkzeug, Maschinen und sonstige Einrichtungen pfleglich zu behandeln,
6. über Betriebs- und Geschäftsgeheimnisse Stillschweigen zu wahren,
7. einen schriftlichen oder elektronischen Ausbildungsnachweis zu führen.

B **Markieren Sie die folgenden Begriffe im Auszug aus dem Berufsbildungsgesetz (BBiG).**

berufliche Handlungsfähigkeit • Ausbildungsziel • Ausbildungsstätte • Weisung • Ausbildungsnachweis

C **Ordnen Sie den Begrifflichkeiten im BBiG die entsprechende Wortbedeutung zu.**

berufliche Handlungsfähigkeit	in der dualen Ausbildung die Berufsschule und der Betrieb
Ausbildungsziel	das Ausüben einer beruflichen Tätigkeit
Ausbildungsstätte	das erfolgreiche Ende der Ausbildung
Weisung	Bezeichnung für ein Berichtsheft während der Ausbildung
Ausbildungsnachweis	ein Befehl

D **Setzen Sie mithilfe des Berufsbildungsgesetzes (BBiG) das richtige Adjektiv oder Verb in den Satz ein.**

Aufgetragene Aufgaben sollen ______________________ ausgeführt werden.

An Ausbildungsmaßnahmen müssen Auszubildende ______________________.

5 **Lesen Sie zu zweit die betrieblichen Situationen und halten Sie fest, warum der/die Auszubildende gegen das Berufsbildungsgesetz verstoßen hat.**

Betriebliche Situation	BBiG
Lillis Chef möchte kontrollieren, was Lilli in den letzten beiden Wochen gearbeitet hat, und verlangt die Vorlage des Berichtsheftes. Lilli findet ihr Berichtsheft nicht mehr und kann es deshalb nicht vorlegen.	
Nach einem Streit mit seinem Ausbilder tritt Oliver verärgert gegen die Schleifmaschine und wirft das Werkzeug in der Werkstatt umher.	
Lucas raucht in seiner Mittagspause im Lager, obwohl dort striktes Rauchverbot herrscht. Sein Chef erteilt ihm eine Abmahnung.	

6 **Erklären Sie die markierten Formulierungen durch stichpunktartige Umschreibungen.**

Berufsbildungsgesetz (BBiG)
§ 10 Vertrag
Wer andere Personen zur Berufsausbildung einstellt (Auszubildende), hat mit den Auszubildenden einen Berufsausbildungsvertrag zu schließen.

22 EINEN GESETZESTEXT VERSTEHEN

1 **Bringen Sie die Buchstaben in die richtige Reihenfolge und erklären Sie mithilfe von GUT ZU WISSEN auf Seite 78 die Bedeutung.**

P	R	A
A	G	F
A	R	

Bedeutung:

2 **A Lesen Sie den Abschnitt des Berufsbildungsgesetzes aufmerksam durch.**

§ 37 Abschlussprüfung

(1) In den anerkannten Ausbildungsberufen sind Abschlussprüfungen durchzuführen. Die Abschlussprüfung kann im Falle des Nichtbestehens zweimal wiederholt werden. Sofern die Abschlussprüfung in zwei zeitlich auseinanderfallenden Teilen durchgeführt wird, ist der erste Teil der Abschlussprüfung nicht eigenständig wiederholbar.

(2) Dem Prüfling ist ein Zeugnis auszustellen. Ausbildenden werden auf deren Verlangen die Ergebnisse der Abschlussprüfung der Auszubildenden übermittelt. Sofern die Abschlussprüfung in zwei zeitlich auseinanderfallenden Teilen durchgeführt wird, ist das Ergebnis der Prüfungsleistungen im ersten Teil der Abschlussprüfung dem Prüfling schriftlich mitzuteilen.

(3) Dem Zeugnis ist auf Antrag des Auszubildenden eine englischsprachige und eine französischsprachige Übersetzung beizufügen. Auf Antrag des Auszubildenden ist das Ergebnis berufsschulischer Leistungsfeststellungen auf dem Zeugnis auszuweisen. Der Auszubildende hat den Nachweis der berufsschulischen Leistungsfeststellungen dem Antrag beizufügen.

(4) Die Abschlussprüfung ist für Auszubildende gebührenfrei.

B Entscheiden Sie, ob es sich um Muss- oder Kann-Formulierungen handelt.

	muss	kann	Signalwörter
In den anerkannten Ausbildungsberufen sind Abschlussprüfungen durchzuführen.			
Die Abschlussprüfung kann im Falle des Nichtbestehens zweimal wiederholt werden.			
Dem Prüfling ist ein Zeugnis auszustellen.			
Dem Zeugnis ist auf Antrag des Auszubildenden eine englischsprachige und eine französischsprachige Übersetzung beizufügen.			

MIT TEXTEN UMGEHEN: ALLES KLAR?

1 **Finden Sie die Lösung. Umlaute werden mit zwei Buchstaben geschrieben. Die Buchstaben in den roten Zahlfeldern ergeben den Lösungssatz.**

Lösung: __ __ __   __ __ __ __ __ __ __!

1 Kurze Zusammenfassung eines Textabschnitts zur optischen Gliederung eines Textes
2 Inhaltlich zusammenhängende Folge von Aussagen
3 Wörter von zentraler Bedeutung für den Textinhalt
4 Diagramm, bei dem Zahlenwerte horizontal dargestellt werden
5 Abschnitt von Gesetzestexten
6 Zusammenfassung des Textinhalts
7 Wichtigste Fragen, um den Inhalt eines Textes zu erfassen
8 Punkt einer Beweisführung, bestehend aus Behauptung, Begründung und Beispiel

1▸															9							
2▸	10																					
3▸		8			2																	
4▸													6									
5▸					4																	
6▸												5										
7▸					1																	
8▸	7							3														

Schätzen Sie sich ein, wenn Sie die Seiten bearbeitet haben.

			Das kann ich gut	Das kann ich	Das kann ich teilweise	Das trainiere ich noch einmal
Texte verstehen	**14**	Zwischenüberschriften finden				
	15	Schlüsselbegriffe ermitteln				
	16	Fragen zu einem Text beantworten				
	17	Einen Text erschließen				
	18	Einen Text zusammenfassen				
Besondere Texte verstehen	**19**	Ein Diagramm auswerten				
	20	Eine Tabelle auswerten				
	21	Einen argumentierenden Text verstehen				
	22	Einen Gesetzestext verstehen				

TEXTE VERFASSEN: LOS!

„Ich hatte immer Angst vor der leeren Seite, denn ich wusste nicht, wie ich beginnen sollte."

So antworten viele Schüler, wenn man sie fragt, warum ihnen das Schreiben von Texten so schwerfällt.

1 **Führen Sie eine Umfrage in Ihrer Klasse durch.**

Was schreiben Sie in Ihrem Alltag am häufigsten?

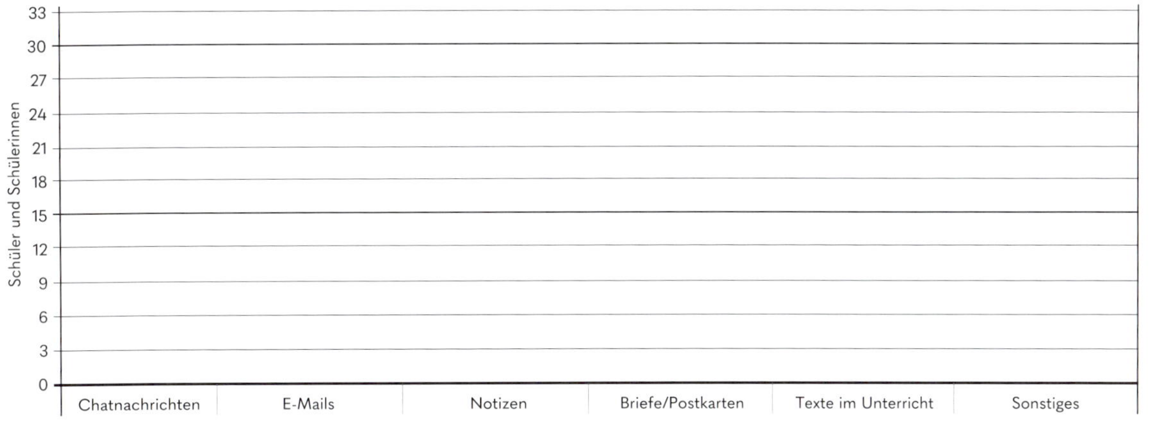

Stellen Sie das Ergebnis oben grafisch als Säulendiagramm dar.
Benennen Sie auch Ort, Datum, Anzahl und Alter der Befragten.

2 **Texte planen und schreiben: Tauschen Sie sich aus, wie Sie dabei vorgehen.**

Mit diesen Inhalten beschäftigen Sie sich auf den folgenden Seiten.

Tragen Sie das Datum ein, wenn Sie die Seiten bearbeitet haben.

			○	●
Texte planen	**23**	Einen Schreibplan entwickeln		
Texte schreiben	**24**	Formulare ausfüllen		
	25	Eine E-Mail schreiben		
	26	Einen Geschäftsbrief schreiben		
	27	Etwas bewerten und begründen		
	28	Gesprächsnotizen anfertigen		
	29	Eine Anleitung schreiben		
	30	Einen Praktikumsbericht schreiben		

Schätzen Sie Ihre Kompetenzen auf Seite 108 ein.

23 EINEN SCHREIBPLAN ENTWICKELN

GUT ZU WISSEN

Bevor man einen Text schreibt, braucht man einen Plan, der festlegt, was an welcher Stelle im Text stehen soll und für wen man den Text schreibt.

Wie kann man den Text planen?

Schritt 1: Die **Aufgabe verstehen:** Lesen Sie die Aufgabe genau durch und markieren Sie die wichtigen Informationen.

- **Welche Textart** (Brief, Bericht usw.) ist gefordert?
- **Was** soll in meinem Text stehen?
- **Wer** ist der Adressat?

Schritt 2: Eine **Stoffsammlung** anlegen: Was weiß ich über das Thema?

Schritt 3: Eine **Gliederung** erstellen: In welcher Reihenfolge gebe ich die Informationen wieder?

1 Beschreiben Sie Ihren Mitschülerinnen und Mitschülern schriftlich einen Beruf, in dem Sie später gerne arbeiten möchten.

Schritt 1: Die **Aufgabe verstehen:** Markieren Sie in der Aufgabe die Schlüsselbegriffe und beantworten Sie die folgenden Fragen.

1 **Was** sollen Sie machen? ______________________

2 **Worüber** sollen Sie schreiben? ______________________

3 **Welchen Beruf** wählen Sie? ______________________

4 **Für wen** sollen Sie schreiben? ______________________

Schritt 2: Eine **Stoffsammlung** anlegen: Sammeln Sie alle wichtigen Informationen über Ihren Wunschberuf in einer Mindmap.

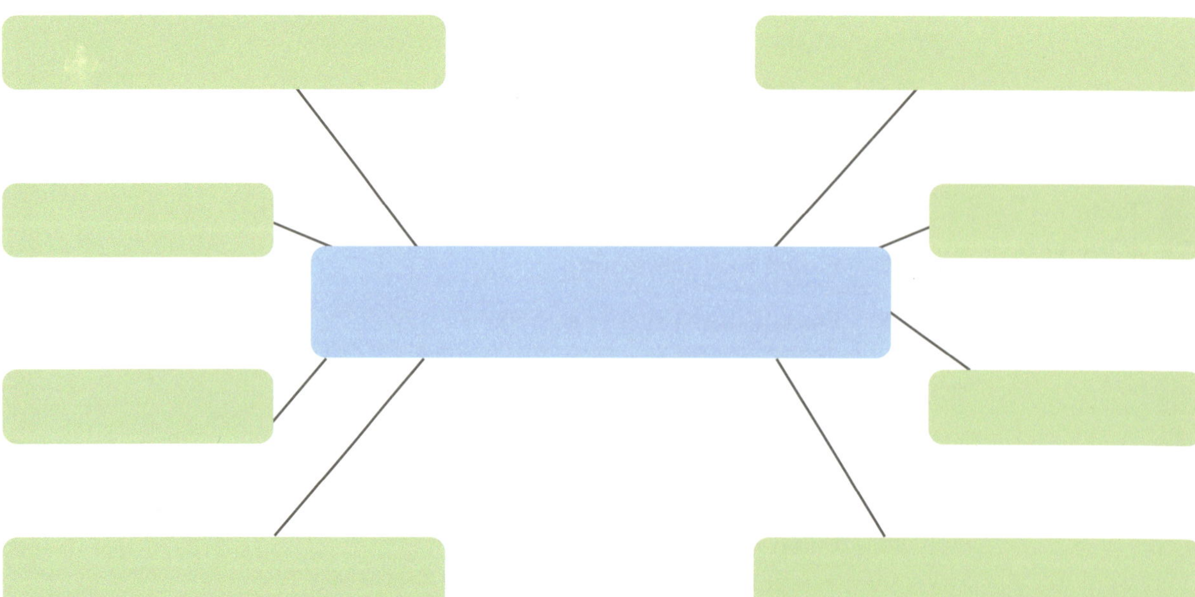

Schritt 3: Eine **Gliederung** erstellen: Bringen Sie die Informationen aus Ihrer Mindmap in eine sinnvolle Reihenfolge.

Meine Gliederung	Dein Kommentar

2 **A** **Tauschen Sie Ihre Gliederung mit einem Partner / einer Partnerin. Geben Sie ihm/ihr oben in der rechten Spalte eine Rückmeldung.**

- Fühlen Sie sich über den Beruf gut informiert?
- Haben Sie noch Fragen? Welche?
- Ist die Reihenfolge logisch?

B **Überarbeiten Sie Ihre Gliederung mithilfe der Rückmeldung.**

3 **Beschreiben Sie nun schriftlich Ihren Wunschberuf. Halten Sie sich an Ihre Stoffsammlung und Ihre Gliederung.**

23 EINEN SCHREIBPLAN ENTWICKELN

1 **Lesen Sie noch einmal GUT ZU WISSEN auf Seite 84. Nennen Sie die drei Schritte der Textplanung.**

Schritt 1: ______________________ **Schritt 2:** ______________________

Schritt 3: ______________________

2 **Berichten Sie Ihrer Lehrkraft schriftlich über das Praktikum, das Ihnen am besten gefallen hat.**

1 Geben Sie den Arbeitsauftrag in eigenen Worten wieder. Nennen Sie dazu den Adressaten und das Thema.

____

2 Legen Sie eine Stoffsammlung zu Ihrem Praktikum an. Nutzen Sie dazu eine für Sie geeignete Form (z. B. Stichpunktliste oder Mindmap).
- Wo und wann haben Sie das Praktikum gemacht?
- Welche Aufgaben haben Sie übernommen?
- Warum hat es Ihnen gut gefallen?

3 Gliedern Sie Ihre Notizen in einer sinnvollen Reihenfolge.

Meine Gliederung	Dein Kommentar

4 Tauschen Sie Ihre Gliederungen mit einem Partner / einer Partnerin und geben Sie sich gegenseitig eine Rückmeldung.
- Werden Praktikumsort und Beruf genannt?
- Wird ein Überblick über die Aufgaben im Praktikum gegeben?
- Wird klar, warum das Praktikum gut war?
- Ist die Reihenfolge der Gliederung logisch?

3 **Berichten Sie schriftlich über das Praktikum. Halten Sie sich an Ihre Stoffsammlung und Ihre Gliederung.**

4 **Schätzen Sie sich selber ein und kreuzen Sie an.**

☐ Einen Text zu planen, fällt mir noch schwer.

☐ Einen Text zu planen, gelingt mir schon gut.

24 FORMULARE AUSFÜLLEN

GUT ZU WISSEN

Für viele **Anträge** in der **Schule,** beim **Arbeitgeber,** in **Banken** und verschiedenen **Behörden** gibt es vorgefertigte **Formulare.** Sie geben kurze **Textfelder für Eintragungen** sowie **Einfach- und Mehrfachauswahlfelder zum Ankreuzen** vor. Formulare gibt es sowohl **in Papierform** als auch **online.** Damit der Antrag **bearbeitet** werden kann und **Rückfragen vermieden** werden, muss man in jedem Fall darauf achten, das Formular **fehlerfrei** und **lückenlos** auszufüllen.

1 **Finden Sie die sieben versteckten Begriffe, die häufig in Formularen verwendet werden.**

Die Wörter sind von links nach rechts und von oben nach unten versteckt. Umlaute sind mit zwei Buchstaben geschrieben.

C	G	F	T	F	A	M	I	L	I	E	N	S	T	A	N	D	T	L	D
Q	E	Q	N	P	B	J	K	H	T	G	O	Y	D	L	T	F	A	E	Y
E	S	J	P	K	O	N	F	E	S	S	I	O	N	L	V	N	H	R	K
K	C	E	L	U	L	D	U	D	L	I	R	M	G	B	L	E	D	V	W
W	H	I	I	G	E	B	U	R	T	S	D	A	T	U	M	A	F	I	O
L	L	C	A	E	A	P	L	I	R	S	T	Q	T	E	V	Z	A	V	H
J	E	P	D	H	E	B	E	X	N	I	R	V	L	N	H	Y	T	G	N
M	C	Q	T	K	R	F	Q	D	M	S	Q	X	Z	C	R	S	I	Q	O
R	H	C	H	B	K	M	S	A	T	Q	T	C	I	I	H	R	B	U	R
S	T	A	A	T	S	A	N	G	E	H	O	E	R	I	G	K	E	I	T
N	A	C	H	N	A	M	E	W	Q	B	H	H	Y	R	G	Y	W	V	S

2 **Tragen Sie die Begriffe aus Aufgabe 1, die zu den Inhalten rechts passen, in die leeren Kästchen ein. Verbinden Sie.**

____________________	deutsch
____________________	ledig
____________________	Berlin
____________________	11.04.2006

3 **Sie müssen sich wegen eines dringenden Arzttermins nächsten Mittwoch für den Schulbesuch entschuldigen. Füllen Sie das Formular mit Ihren Angaben aus.**

Antrag auf Freistellung vom Unterricht

______________	______________	______________
Name	Vorname	Geburtsdatum
______________	______________	
Klasse	Klassenleitung	

Hiermit beantrage ich, mich

am ______________ von ______________ bis ______________ Uhr

vom Unterricht freizustellen.

Grund:

☐ akute Erkrankung während der Unterrichtszeit

☐ ____

______________	______________
Datum	Unterschrift

4 **Vergleichen Sie das Formular aus Aufgabe 3 mit dem Entschuldigungsformular an Ihrer Schule. Welche Unterschiede fallen Ihnen auf?**

____

____

____

____

____

5 **Sie haben einen neuen Mitschüler, dem Sie das Entschuldigungsverfahren an Ihrer Schule erklären wollen. Beantworten Sie dazu folgende Fragen in ganzen Sätzen.**

1 Wo findet man das Formular?
2 Wie lange vor dem beantragten Termin muss man es ausfüllen?
3 Wo muss man es abgeben?
4 Wie erfahre ich, ob die Entschuldigung genehmigt wurde?

24 FORMULARE AUSFÜLLEN

1 Lesen Sie noch einmal GUT ZU WISSEN auf Seite 87. Ergänzen Sie dann die Tabelle mit Formularen, die Sie schon einmal ausgefüllt haben.

für die Schule	für eine Behörde	sonstige Formulare
Anmeldeformular		

2 Ergänzen Sie das Online-Überweisungsformular mit den fehlenden Angaben der Rechnung.

Rechnungsnummer: 1989

gesamt: 24,10 €

Bitte überweisen Sie den Gesamtbetrag unter Angabe der Rechnungsnummer innerhalb von 14 Tagen nach Rechnungserhalt auf folgende Bankverbindung:
Autohaus Wagner, Finanzbank, IBAN: DE12 3456 7890 0987 6543 21, BIC: FINZDEXXXYY

25 EINE E-MAIL SCHREIBEN

GUT ZU WISSEN

Mit einer **E-Mail** kommuniziert man auf elektronischem Weg. Für **geschäftliche E-Mails** gibt es – wie für Geschäftsbriefe – **Schreib-** und **Gestaltungsregeln.** So ist beispielsweise der **Stil** immer **sachlich.** Mit einer E-Mail kann man auch Bilder, Dokumente und andere Dateien als Anhang versenden. Die **E-Mail-Adresse** des **Empfängers** wird in das oberste Schreibfeld eingegeben. Hier kann man auch mehrere Adressen eingeben, wenn die E-Mail an weitere Personen gesendet werden soll. Anschließend folgt ein **Betreff.** Dieser muss so **aussagekräftig** sein, dass der Empfänger / die Empfängerin den Inhalt der Mail einschätzen kann und sie nicht löscht, ohne sie anzusehen. Anschließend folgt der eigentliche Text, der sich – wie in einem Brief – in **Anrede, Text** und **Grußformel** gliedert.

1 **Ordnen Sie die folgenden Begriffe den einzelnen Teilen der E-Mail zu. Schreiben Sie sie in die rechte Spalte.**

Anrede • Empfänger • Unterschrift • Text • Grußformel • 2. Empfänger • Zum Thema

An	max.musterhauser@beispiel.de	______
CC	hubert.Gausern@fitnessgoetter.orx	______
Betreff	Bestätigung der Buchung des Abos „Halbgott“	______
Sehr geehrter Herr Musterhauser, wir freuen uns sehr, dass Sie sich entschieden haben, das Abo „Halbgott“ für ein Jahr bei uns zu buchen. Der Betrag wird Ihnen monatlich abgebucht. Als Mitglied in unserem Fitness-Studio haben Sie Zugang zu allen Kursen, im Studio und online, und den Geräten. Für das wöchentliche begleitete Training steht Ihnen unser Personal Trainer Hubert zur Seite. Falls Sie den Wellnessbereich nutzen wollen, können Sie sich jederzeit zum Abo „Sportgott“ upgraden lassen. Dieses erhalten Sie für 70 € monatlich. Bei Fragen wählen Sie 089/99998 358 oder schreiben uns eine Nachricht an folgende Adresse: info@fitnessgoetter.orx. Freundliche Grüße Banu Schmidt		______ ______ ______ ______ ______ ______ ______

2 **Lesen Sie die E-Mail genau. Kreuzen Sie an.**

Frage	ja	nein
Ist der Text im Präsens (Gegenwartsform) geschrieben?		
Gibt die Verfasserin eine persönliche Meinung wieder?		
Ist der Text spannend geschrieben?		

3 **Beantworten Sie die folgenden Fragen mithilfe des Internets.**

1 Was bedeutet „CC"? Wann verwendet man das?

____

2 Wie sieht eine seriöse E-Mail-Adresse aus?

____

4 **Der Betreff einer E-Mail ähnelt einer Überschrift. Er benennt das Thema der E-Mail in knapper Form. Ordnen Sie den folgenden Themen den passenden Betreff zu.**

Man bewirbt sich um ein Praktikum.	Bitte um Anruf
Man hat Online-Tickets für ein Konzert bestellt, aber die falschen Tickets erhalten.	Kündigung der Mitgliedschaft
Man möchte mit dem Mitarbeiter einer Behörde telefonieren.	Bitte um Informationen zum Deutschkurs B2
Man möchte die Mitgliedschaft im Sportstudio kündigen.	Reklamation der Konzertkarten
Man möchte einen Deutschkurs machen und bittet um weitere Informationen	Bewerbung um eine Praktikumsstelle

5 **A Max Musterhauser möchte die Mitgliedschaft im Fitnessstudio wieder kündigen. Lesen Sie seine E-Mail.**

Betreff	
Liebe Fitness-Coaches, vielen Dank für die nette Nachricht. Ich habe mich aber jetzt doch gegen das Abo entschieden. Es ist mir zu teuer und der Personal Trainer taugt auch nichts. Ich möchte das Abo also kündigen. Liebe Grüße	

B Prüfen Sie die E-Mail.

1 Welche Informationen fehlen oder sind zu viel?
2 Was muss Max an seiner Sprache ändern?
3 Hat Max die formalen Regeln eingehalten?

C Schreiben Sie eine E-Mail für Max. Nutzen Sie dafür Ihr Mail-Programm.

25 EINE E-MAIL SCHREIBEN

1 **Lesen Sie noch einmal GUT ZU WISSEN auf Seite 90.**

2 **A Sie haben noch Fragen zu Ihrer Anmeldung im Fitnessstudio. Lesen Sie die E-Mail, die Sie als Bestätigung für Ihre Anmeldung zum Yogakurs erhalten haben.**

E-Mail	Ihre offenen Fragen
Sehr geehrte ..., hiermit bestätigen wir die Anmeldung zum Jahresabo des Kurses „Power-Yoga“. Sie haben mit dem Abo auch Zugang zu unserem Online-Bereich. Außerdem können Sie weitere Upgrades hinzubuchen. Bei Fragen wenden Sie sich bitte über info@yoga-gang.orx an Sabine Turan. Freundliche Grüße Ivo Kleber	• Wo kann man die Zugangsdaten für den Online-Bereich des Fitness-Studios beantragen? • Kann man ein Upgrade für einen Monat dazubuchen? • Welche Bezahlmöglichkeiten gibt es? __________ __________

B Lesen und ergänzen Sie Ihre offenen Fragen zur Anmeldung.

C Schreiben Sie eine E-Mail. Verfassen Sie zunächst eine passende Betreffzeile.

____

D Wählen Sie eine passende Anrede. Markieren Sie.

Sehr geehrte Damen und Herren • Hallo Sabine • Sehr geehrte Frau Turan • Servus! • Verehrte Sabine • Liebe Sabine

E Schreiben Sie den E-Mail-Text.

____

____

____

____

____

____

____

F Überarbeiten Sie die E-Mail.

26 EINEN GESCHÄFTSBRIEF SCHREIBEN

GUT ZU WISSEN

Ein **Geschäftsbrief** ist eine besondere Form des Briefes, da er dazu dient, mit Firmen **geschäftlich** zu kommunizieren und der Inhalt somit auch **rechtliche Folgen** haben kann. Beispiele für Geschäftsbriefe, die rechtliche Konsequenzen nach sich ziehen können, sind die **Kündigung** und die **Bewerbung.**
Der Sprachstil ist immer **sachlich**, also knapp und nicht wertend.
Ein Geschäftsbrief hat folgende **Bestandteile** in einer festgelegten Reihenfolge:

1. Empfängeradresse (mit Datum auf der rechten Seite)
2. Absenderadresse
3. Betreff (im Nominalstil, also ohne Verb)
4. Anrede
5. Brieftext
6. Abschiedsformel
7. Unterschrift

1 **A Füllen Sie die Briefvorlage entsprechend den Angaben rechts korrekt aus.**

______________________ ______________________

____

____

____

____

____

____

____

ich möchte meinen Vertrag bei Ihnen kündigen, weil Sie viel zu teuer sind. Danke schön!

____

____

Mit freundlichen Grüßen

Sehr geehrte Damen und Herren,

Kündigung des Handyvertrags

Ihre Adresse als Absender

22.07.20xx

Telefonia AG
Telefonistenstr. 13
88447 Bibelsberg

Ihre Unterschrift

B Der Text des Briefes auf Seite 93 weist Mängel auf. Kreuzen Sie an, welche Informationen im Brieftext enthalten sein sollten, wenn Sie einen Handyvertrag kündigen möchten.

Name, Vorname, Kundennummer		Handymarke und Alter des Handys	
Grund der Kündigung		Datum der Kündigung	
Unterschrift		Kopie des Handyvertrags	

C Schreiben Sie den Text eines Briefes, mit dem Sie Ihren Handyvertrag kündigen.

____

____

____

____

____

____

2 Wandeln Sie die folgenden Sätze in einen passenden Betreff um.

Beispiel Ich möchte im Hotel ein Zimmer buchen: *Buchungsanfrage*

1 Ich möchte vom Kauf des Laufbands zurücktreten: ______________

2 Ich möchte den Handyvertrag kündigen: ______________

3 Ich brauche mehr Informationen über den Vertrag: ______________

4 Ich möchte meine Stelle zum 25.08.20xx kündigen: ______________

5 Ich möchte die Buchung stornieren: ______________

3 *Sie* oder *sie*? Kreisen Sie die richtige Schreibweise ein.

1 Können Sie/sie mir bitte eine Buchungsbestätigung zusenden?

2 Ich habe gestern versucht, Sie/sie zu erreichen. Haben Sie/sie von ihr gehört?

3 Die Hose sitzt leider nicht optimal, ich möchte Sie/sie doch zurückschicken.

26 EINEN GESCHÄFTSBRIEF SCHREIBEN

1 **Lesen Sie noch einmal GUT ZU WISSEN auf Seite 93.**

2 **Kreisen Sie ein, welche Bestandteile ein Geschäftsbrief haben muss. Nummerieren Sie diese anschließend nach ihrer Reihenfolge im Brief.**

Betreff ______	Signatur ______	Absender ______	Briefmarke ______
Brieftext ______	BCC ______	Bewertung der Firma ______	Kontodaten ______
Anrede ______	Grußformel ______	Empfänger ______	Unterschrift ______
Datum ______	Anhang ______	Passwort ______	

3 **A Lesen Sie die folgende Situationsbeschreibung. Markieren Sie alle Informationen, die Sie für einen Brief mit Mängelbeschreibung benötigen.**

Situation: Sie haben am 01.08.2022 über die Internetseite Dooles.orx (Sitz: Berger Str. 1, 12344 Berching) ein gebrauchtes Tablet für 120 Euro gekauft. Beim ersten Gebrauch des Geräts stellen Sie fest, dass die Ladebuchse beschädigt ist. Trotz mehrerer Versuche können Sie das Tablet nicht aufladen. Es lässt sich trotzdem starten. Dabei bemerken Sie, dass auch der Bildschirm flackert und immer wieder ausfällt. Sie wollen das Tablet zurückschicken und möchten erreichen, dass das Geld zurück auf Ihr Konto überwiesen wird. Die Firma verlangt auf Nachfrage einen Brief mit der Beschreibung der Mängel.

B Planen Sie Ihren Brieftext und gliedern Sie ihn in Stichpunkte.

Gliederung	Stichpunkte
Sie erklären am Anfang die Situation und das Problem ganz knapp.	
Sie beschreiben die Mängel genauer.	
Sie bitten um die Rückgabe des Geldes.	

C Verfassen Sie den Brief mit der Hand oder am Computer mit einem Textverarbeitungsprogramm.

D Vergleichen Sie Ihren Text mit Ihrer Gliederung. Überarbeiten Sie Ihren Text gegebenenfalls noch einmal.

27 ETWAS BEWERTEN UND BEGRÜNDEN

GUT ZU WISSEN

Jeder hat eine **Meinung,** aber jede Meinung braucht eine (gute) **Begründung.** Schließlich will man auch andere von der eigenen Meinung überzeugen. In **Bewertungen** formuliert man seine **Meinung über etwas** (z. B. einen Urlaub) und **begründet** diese mit Erfahrungen, die man damit gemacht hat. Eine gute Bewertung hat drei Teile:

1. **Meinung:** Was denke ich über ein Thema? (z. B. *Wie gefällt mir das Hotel?*)
2. **Begründung:** Warum denke ich so darüber? (z. B. *Warum finde ich das Hotel gut?*)
3. **Beispiel:** Wie kann ich die Begründung beweisen? (z. B. *Was hat mir konkret gefallen?*)

Auch wenn man seine Meinung wiedergibt, bleibt man bei einem **sachlichen** Schreibstil.

1 **A Lesen Sie die folgenden Bewertungen zu Praktikumsstellen.**

A: Praktikum in der Glasbläserei „Mundart"

Das Praktikum in der Glasbläserei hat mir gut gefallen, weil ich vieles selbst ausprobieren durfte. Nach der Sicherheitseinweisung wurde ich einem Mitarbeiter zugeteilt. Er hat mich den ganzen Tag mitgenommen und mir seine Aufgaben gezeigt. Dann durfte ich es selber probieren und sogar eine kleine Glaskugel blasen! Tolles Praktikum, nette Mitarbeiter. Wirklich zu empfehlen.

B: Praktikum in der Glasbläserei „Mundart"

Praktikum war gut, war nicht langweilig, aber hätte gern kürzer sein können. Ging bis 16 Uhr.

B Welche Bewertung hilft bei der Praktikumssuche weiter? Warum?

____

C Markieren Sie in der Bewertung A die Meinung, die Begründung und das Beispiel in drei verschiedenen Farben. Notieren Sie diese dann in Stichpunkten.

Meinung: ______________________________

Begründung: ______________________________

Beispiel: ______________________________

2 **A Verfassen Sie eine Bewertung zu einem Praktikum. Notieren Sie kurz den Namen des Praktikumsbetriebs und Ihre Eindrücke: Wie lang waren die Arbeitszeiten? Was habe ich getan? Wie haben mich die Mitarbeiterinnen und Mitarbeiter behandelt?**

____

____

B Notieren Sie in der Tabelle zwei Bewertungen in Stichpunkten.

	Bewertung zum Thema Arbeitszeit	Bewertung zum Thema Mitarbeiter
Meine Meinung		
Begründung		
Beispiel		

C Kreuzen Sie an, ob die Aussage sachlich oder nicht sachlich formuliert ist.

Aussage	sachlich	nicht sachlich
Der Chef war echt blöd. Er hat mir das Handy weggenommen.		
Der Chef war streng, weil er kein Handy am Arbeitsplatz erlaubte.		
Das Praktikum war super, weil ich voll viel lernen konnte.		
Weil man gut in die Arbeitsprozesse eingeführt wird, kann ich das Praktikum in diesem Betrieb empfehlen.		

D Formulieren Sie nun auf der Grundlage Ihrer Stichpunkte aus Aufgabe 2 B eine Bewertung. Nutzen Sie die folgenden Formulierungshilfen.

Meinung	Begründung	Beispiel
• Ich fand das Praktikum ... • Das Praktikum kann man (nicht) empfehlen, ... • Sollte man dort ein Praktikum machen? Ich finde, ja/nein, ...	• Denn die Mitarbeiter waren ... • ..., weil man ...	• Ich durfte/musste zum Beispiel ... • Die Arbeitszeiten waren von ... bis ...

27 ETWAS BEWERTEN UND BEGRÜNDEN

1 **Lesen Sie noch einmal GUT ZU WISSEN auf Seite 96 und notieren Sie die drei Bestandteile, die eine begründete Bewertung enthalten sollte.**

____

2 **A Warum sollte man Ihnen nach Ihrem Praktikum einen Ausbildungsplatz geben? Wählen Sie aus den folgenden Gründen die drei aus, die Sie am überzeugendsten finden. Bewerten Sie dann von „schwach" bis „stark".**

B Notieren Sie zu den Begründungen, die Sie gewählt haben, passende Beispiele.

Einschätzung (0 = nein; 1 = schwach; 3 = stark)	**Begründung**	**Beispiel**
	Ich finde den Beruf spannend.	
	Ich habe bereits mehrere Praktika in diesem Berufsfeld gemacht und bin deshalb sicher, dass ich diesen Beruf erlernen will.	
	Ich bin Frühaufsteher, werde also nie zu spät kommen.	
	Ich bin immer bemüht, alles so auszuführen, wie man es mir gezeigt hat.	
	Ich lasse mich leicht motivieren, Aufgaben zu übernehmen.	
	Ich bin sehr zuverlässig.	

3 **Schreiben Sie eine überzeugende Antwort auf die Frage, warum man Ihnen nach Ihrem Praktikum einen Ausbildungsplatz geben sollte. Beginnen Sie mit dem schwachen Argument und enden Sie mit dem starken Argument.**

4 **Lesen Sie Ihren Text noch einmal durch. Kontrollieren Sie, ob Sie zu allen drei Begründungen passende Beispiele geschrieben haben.**

28 GESPRÄCHSNOTIZEN ANFERTIGEN

GUT ZU WISSEN

Es ist oft notwendig, **mündlich** wiedergegebene Informationen **schriftlich** festzuhalten. Dazu kann man **Formulare** benutzen (vor allem bei Telefonanrufen) oder sich frei Notizen in **Stichpunkten** machen. Stichpunkte sind **Teilsätze** mit den wichtigen **Schlüsselwörtern.**
Beim Anfertigen von Notizen orientiert man sich an den W-Fragen: **Wer? Was? Wann? Wo? Wie?**
Die wichtigste Frage, die man sich beim Anfertigen von Gesprächsnotizen stellen sollte, ist jedoch folgende: **Was muss ich aufschreiben, damit jemand, der nicht an dem Gespräch teilgenommen hat, versteht, was besprochen wurde?**

1 **A Unterstreichen Sie in den folgenden Sätzen die Schlüsselwörter.**

B Notieren Sie zu den unterstrichenen Schlüsselwörtern kurze Stichpunkte.

1 Die Besprechung findet am Dienstag um 17 Uhr im Konferenzraum B statt.

____

2 Ich hätte gern zwei Portionen Pommes, eine Limo und einen Burger.

____

3 Ich möchte den Pulli, den ich gestern gekauft habe, umtauschen, weil er nicht zur Hose passt.

____

4 Sie können Frau Meißner am 05.09., wenn sie aus dem Urlaub zurück ist, wieder unter der Durchwahl 915 erreichen.

____

5 Weil Herr Özkul morgen nicht da ist, müssen Sie für ihn das Telefon besetzen und alle Anrufer an die zuständigen Kollegen weiterleiten.

____

2 **A Besprechen Sie zu zweit Ihre jeweiligen Pläne für das kommende Wochenende. Erstellen Sie vor dem Gespräch miteinander ein „Formular“, in das Sie die wichtigen Aussagen eintragen können (W-Fragen).**

B Notieren Sie, während Ihr Partner / Ihre Partnerin spricht, alle wichtigen Informationen in Ihrem „Formular“.

C Kontrollieren Sie nach dem Gespräch, ob Sie alle wichtigen Informationen erhalten haben. Fragen Sie nach, wenn Ihnen eine Information fehlt.

28 GESPRÄCHSNOTIZEN ANFERTIGEN

3 **A Sie machen ein Praktikum bei einer Werbefirma. Am Nachmittag bekommen Sie den Auftrag, das Telefon zu besetzen und die Anrufe in einem Formular zu notieren. Ordnen Sie den einzelnen Punkten im Formular die richtigen W-Fragen zu.**

Wer ruft an? • **Was** will die Person? • **Wann**? • **Wie** erreichbar? • **Wer** hat den Anruf angenommen? • **Für wen** ist die Nachricht?

Anrufnotiz

Name des Anrufers (__________): ____________________

Termin/Rückruf (__________): ____________________

Nachricht für (__________): ____________________

Nachricht (__________): ____________________

____

____

Nummer für Rückfragen (__________): ____________________

Gesprochen mit (__________): ____________________

B Hören Sie sich den Anruf an. Füllen Sie dabei das Formular oben aus.

C Hören Sie den Anruf ein zweites Mal. Kontrollieren Sie, ob Sie das Formular richtig ausgefüllt haben.

D Die angerufene Kollegin ist bis nächste Woche im Homeoffice. Schreiben Sie ihr eine kurze E-Mail, in der Sie die Notizen des Formulars zusammenfassen. Senden Sie die E-Mail an einen Mitschüler oder an die Lehrkraft.

4 **Was mache ich, wenn ...? Kreuzen Sie die passende Strategie an.**

1 Was mache ich, wenn ich nur die Antworten auf bestimmte Fragen notieren soll (z. B. welche Personen morgen zur Besprechung kommen)?

Ich notiere alles, was der Sprecher gesagt hat – nur zur Sicherheit. ☐	Ich notiere nur die Namen der Personen. ☐

2 Was mache ich, wenn ich wichtige Informationen nicht gehört habe?

Ich bitte höflich um eine Wiederholung der Information. ☐	Ich rate. ☐

1 **Lesen Sie noch einmal GUT ZU WISSEN auf Seite 99 und beantworten Sie die folgenden Fragen.**

1 Was sind Stichpunkte?

____

____

2 Wie bereitet man sich darauf vor, Gesprächsnotizen zu erstellen?

____

____

2 **A Sie machen ein Praktikum im Spielwarengeschäft „Plattl". Die Chefin bittet Sie, bei der Besprechung die wichtigen Ergebnisse auf dem folgenden Formular in Stichpunkten zu notieren. Lesen Sie das Formular zunächst genau.**

B Notieren Sie im Formular die W-Fragen.

C Hören Sie das Gespräch und notieren Sie die wichtigen Stichpunkte.

Kindernachmittag

Name der Veranstaltung (__________): ______________________________

____

Termin (__________): ______________________________

Aufgabenverteilung (__________): ______________________________

____

____

____

____

____

D Vergleichen Sie Ihre Notizen mit den Lösungen auf Seite 25.

E Fassen Sie die Ergebnisse der Besprechung in einem kurzen Text zusammen.

29 EINE ANLEITUNG SCHREIBEN

GUT ZU WISSEN

In einer **Anleitung** muss man eine bestimmte **Tätigkeit** so genau **beschreiben**, dass der Leser / die Leserin ohne Hilfsmittel versteht, was er/sie wie tun muss, um die Tätigkeit auszuführen. Ein Beispiel dafür sind die Anleitungen für Elektrogeräte und Möbelaufbau.
In der **Einleitung** werden die **Tätigkeit** und alle **Gegenstände und Werkzeuge** aufgelistet, die man braucht. Anschließend folgt eine knappe Beschreibung der **einzelnen Arbeitsschritte** in der richtigen **Reihenfolge**. Eine gute schriftliche Anleitung verbindet die einzelnen Schritte mit **Satzverknüpfungen (Konjunktionen)** und **Adverbien**, um verständlich zu machen, was wann wie wozu zu tun ist.
Man beantwortet dabei folgende Fragen: **Was macht man wie? Welche Werkzeuge** und Materialien braucht man dafür?
Der Sprachstil ist **sachlich.** Man schreibt im **Präsens.**

1 **Sammeln Sie in der Klasse Erfahrungen zum Falten von Papierfliegern.**

Einen Papierflieger falten

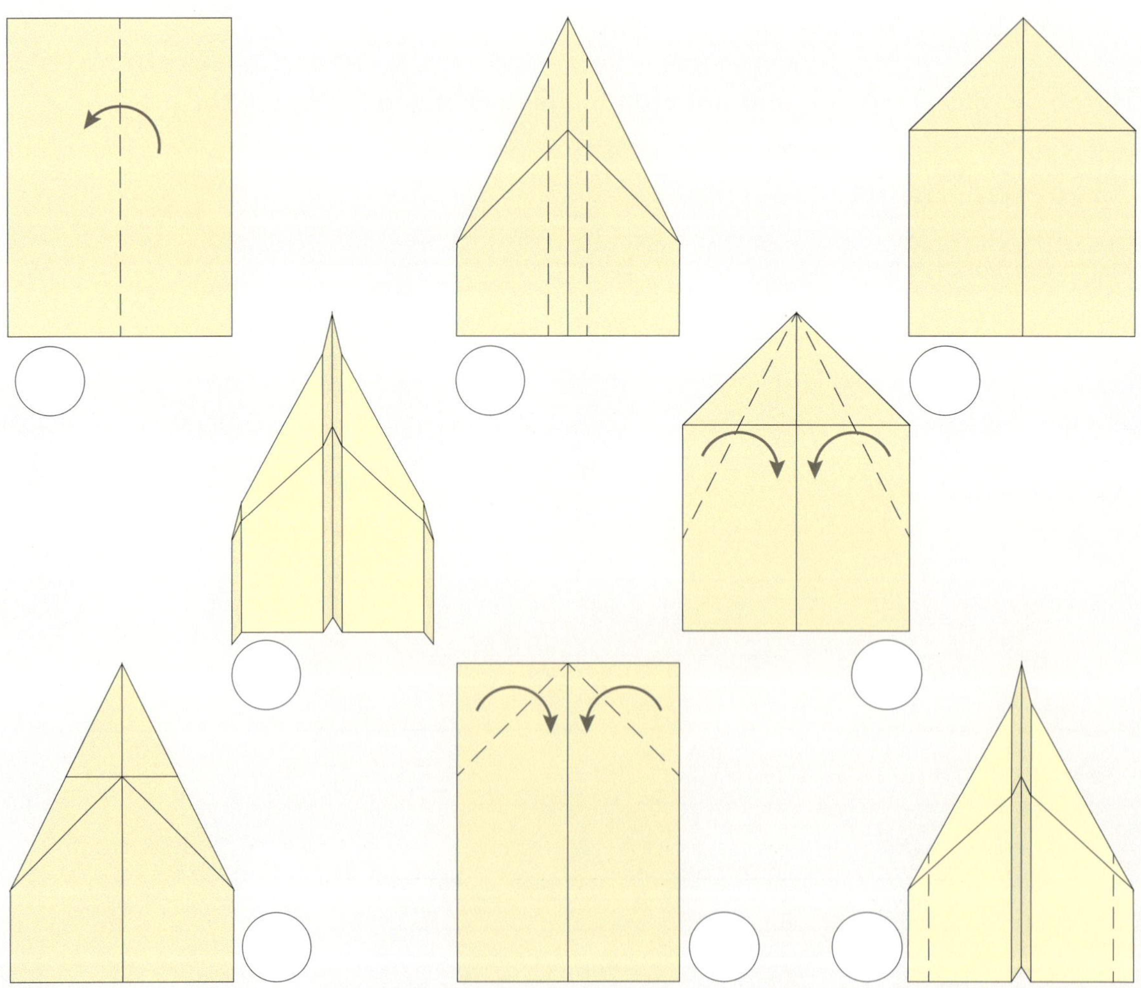

2 **Bringen Sie die Bilder in eine sinnvolle Reihenfolge, indem Sie die Schritte von 1 bis 8 nummerieren.**

3 Überprüfen Sie die gewählte Reihenfolge, indem Sie den Papierflieger falten.

4 Schreiben Sie zu jedem Schritt eine oder zwei kurze Notizen.

Ecke • Falte • Kante • Spitze • falten • knicken • längs • mittig

Schritt	Notizen
1	A4-Blatt längs 1x falten
2	
3	
4	
5	
6	
7	
8	

5 Geben Sie einem Partner Ihre Notizen und bitten Sie ihn, die Handgriffe auszuführen, wie beschrieben. Beobachten Sie die Durchführung mithilfe der Bilder. Notieren Sie Antworten auf die folgenden Fragen, um Ihre Anleitung zu verbessern.

1 Gibt es Probleme bei der Ausführung und muss die Anleitung angepasst werden? Wenn ja, an welcher Stelle?

____

2 Ist die Reihenfolge der Schritte korrekt? Wenn nein, was müssen Sie ändern?

____

6 Schreiben Sie eine ausführliche Anleitung. Nutzen Sie die folgenden Satzverknüpfungen.

nachdem • bevor • indem • damit • zuerst • anschließend • schließlich • um • sodass • dadurch • während

7 Formulieren Sie auch einen Einleitungssatz.

Beispiel Für ... (Tätigkeit) benötigt man ... (Materialien) und ... (Werkzeuge).

29 EINE ANLEITUNG SCHREIBEN

1 Lesen Sie noch einmal GUT ZU WISSEN auf Seite 102 und markieren Sie, wie eine Anleitung aufgebaut sein sollte.

2 A Lesen Sie die Notizen.

Anleitung Fensterrahmen streichen

- ☐ Alte Farbe mit Drahtbürste oder Schleifgerät abschleifen
- ☐ Schutzmaske und Schutzbrille aufsetzen
- ☐ Trocknen lassen
- ☐ Rahmenkanten mit Malerkrepp abkleben
- ☐ Farbe mit dünnem Pinsel auftragen
- ☐ Nach dem Trocknen evtl. einen zweiten Farbauftrag machen
- ☐ Verzierungen evtl. von Hand mit Schleifpapier bearbeiten
- ☐ Mit langen Pinselstrichen arbeiten, Farbe regelmäßig abstreichen

B Markieren Sie in den Notizen alle Werkzeuge und Gegenstände, die man für die Tätigkeit benötigt.

C Bringen Sie die Schritte in die richtige Reihenfolge. Ordnen Sie den Schritten die jeweilige Nummer (1–8) zu.

D Schreiben Sie eine ausformulierte Anleitung mit einem Einleitungssatz. Nutzen Sie Satzverknüpfungen, um die Sätze zu verbinden.

E Lassen Sie einen Partner die Anleitung lesen. Ergeben sich Fragen?

F Überarbeiten Sie Ihre ausformulierte Anleitung noch einmal.

30 EINEN PRAKTIKUMSBERICHT SCHREIBEN

GUT ZU WISSEN

In der **Ausbildung und im Praktikum** muss man ein **Berichtsheft führen. Darin berichtet man knapp** und **sachlich**, welche **Aufgaben** man im Praktikum an einem Tag **erledigt** hat.
In einem Praktikumsbericht beantwortet man folgende Fragen:

Wo? In welchem Betrieb bzw. in welcher Abteilung fand das Praktikum statt?
Wann? Wie lautete das Datum und wie waren die Arbeitszeiten?
Was? Welche Aufgaben hat man erledigt?
Wer? Wer hat das Praktikum betreut bzw. wer hat mitgearbeitet?

Ein Praktikumsbericht wird im **Präteritum** verfasst.

1 **A Lesen Sie die beiden Praktikumsberichte genau durch.**

Bericht A

Ich habe heute (28.07.2022) mit dem Gesellen Herbert Wimmer zusammengearbeitet. Der alte Kerl hat mir die Aufgabe gegeben, die Zementsäcke zum Haus zu tragen. Das war echt anstrengend. Er selbst hat natürlich nicht viel geholfen, wahrscheinlich kann er nicht mehr so schwer tragen. Nächstes Mal mache ich das nicht mehr.

Bericht B

Ich war am 28.07.22 von 10 Uhr bis 14 Uhr mit der Firma Beck auf der Baustelle. Dabei habe ich mit dem Gesellen Milosz Kunisz zusammengearbeitet. Meine Aufgabe bestand darin, die Materialien, die beim Mauern gebraucht wurden, an den richtigen Ort zu bringen. Zu den Materialien zählten Zementsäcke und Ziegel. Milosz zeigte mir dabei, wie ich diese schweren Gegenstände rückenschonend tragen kann.

B Unterstreichen Sie in den Berichten A und B Wörter und Sätze, die Gefühle, Bewertungen oder Vermutungen ausdrücken.

C Was gehört zu einem Praktikumsbericht im sachlichen Stil? Kreuzen Sie an.

	ja	nein
eigene Meinung, Gedanken, Überlegungen		
Spannung		
knappe Darstellung		
wörtliche Rede		
Präteritum (Vergangenheit)		

D Werden in Text A alle W-Fragen beantwortet? Welche Informationen fehlen?

2 Formulieren Sie Text A aus Aufgabe 1 A in einen sachlichen Bericht um.

3 **A** Verfassen Sie einen Einleitungssatz für einen Praktikumsbericht. Nutzen Sie die Informationen im Kasten.

Beispiel: Am ... (Wann?) war ich im Rahmen meines Praktikums bei ... (Wer?) von ... (Uhrzeit) bis ... (Uhrzeit) in der ... (Wo?).

- Wer: Schreinerei Gladbeck; Inhaber: Jochen Gladbeck
- Was: Fensterrahmen abschleifen, Treppengeländer lasieren und zusammenbauen, Werkstatt fegen
- Wann: Dienstag, 12.04.20xx, von 7:30 Uhr bis 15:30 Uhr
- Wo: Werkstatt

B Schreiben Sie anhand der Informationen aus dem Kasten den Praktikumsbericht. Vervollständigen Sie hierfür die folgenden Sätze sinnvoll.

Zuerst bekam ich die Aufgabe ______

Anschließend durfte ich ______

Am Ende des Arbeitstages ______

30 EINEN PRAKTIKUMSBERICHT SCHREIBEN

1 Welche Fragen müssen in einem Praktikumsbericht beantwortet werden? Notieren Sie hier aus dem Gedächtnis die wichtigen Fragen oder lesen Sie GUT ZU WISSEN auf Seite 105.

____

2 Kreuzen Sie an, ob die folgenden Aussagen sachlich oder bewertend sind.

Aussage	sachlich	bewertend
Das Praktikum fand von Montag bis Freitag statt.		
Ich musste dann auch noch die Werkstatt fegen.		
Ich bekam nicht mal Trinkgeld für die Auslieferung des Geschenkkorbs.		
Zu meinen Aufgaben gehörte es auch, die Werkstatt nach der Arbeit zu fegen.		

3 **A** Kreisen Sie die wichtigen Informationen aus Marios Praktikumsnotizen ein.

01.03.20xx   Dienstag   kein Schultag   Malerbetrieb Sosnovski

Bertelhauser Str. 5   Malerbetrieb in 3. Generation   Betriebsführung vom Chef

langweilig   Farblieferung   kenne Firma über Cousin

beim Einräumen mitgeholfen   Farbeimer runtergefallen   dumm gelaufen

Currywurst mit Pommes zu Mittag   von 8 bis 15 Uhr

B Schreiben Sie anhand der Notizen einen kurzen Bericht.

C Tauschen Sie Ihre Berichte aus und überarbeiten Sie sie dann mithilfe der Rückmeldungen.

4 Berichten Sie über einen Tag in Ihrem Praktikum. Folgen Sie dabei dem üblichen Vorgehen (Planen – Schreiben – Überarbeiten).

____

____

____

____

____

TEXTE VERFASSEN: ALLES KLAR?

1 **Finden Sie die Lösung. Die Buchstaben in den roten Zahlfeldern ergeben das Lösungswort.**

1 Die Person, an die man schreibt, nennt man …

2 Am Ende eines Briefs steht die …

3 Der Schreibstil einer Anleitung oder eines Berichts ist …

4 Ein Überweisungsträger ist ein …

5 Die Zeile, die in einem Brief oder einer E-Mail vor der Anrede kommt, heißt …

6 Eine Beschreibung, die erklärt, wie man etwas macht, ist eine …

7 Eine Bewertung besteht aus: Meinung, Begründung und …

8 Eine Meinung braucht immer eine gute …

9 Bevor man einen Text schreibt, erstellt man eine …

				1								
						2						
			3									
							4					
	5											
				6								
7												
					8							
								9				

Lösung: __ __ __ __ __ __ __ __ __

Schätzen Sie sich ein, wenn Sie die Seiten bearbeitet haben.

			Das kann ich gut	Das kann ich	Das kann ich teilweise	Das trainiere ich noch einmal
Texte planen	**23**	Einen Schreibplan entwickeln				
Texte schreiben	**24**	Formulare ausfüllen				
	25	Eine E-Mail schreiben				
	26	Einen Geschäftsbrief schreiben				
	27	Etwas bewerten und begründen				
	28	Gesprächsnotizen anfertigen				
	29	Eine Anleitung schreiben				
	30	Einen Praktikumsbericht schreiben				

SICH MIT LITERATUR BESCHÄFTIGEN: LOS!

„Das Wichtigste ist, dass Kinder Bücher lesen, dass ein Kind mit seinem Buch allein sein kann. Dagegen sind Film, Fernsehen und Video eine oberflächliche Erscheinung."

(Astrid Lindgren)

Überlegen Sie in der Klasse, was Astrid Lindgren damit gemeint haben könnte. Wie ist Ihre Meinung zu dieser Aussage?

1 Führen Sie in Ihrer Klasse eine Umfrage zu Ihrer Mediennutzung durch. Bilden Sie drei Gruppen.

Gruppe 1: Welche Medien (Fernsehen, Bücher, Internet, Zeitschriften, soziale Netzwerke usw.) nutzen Sie?

Gruppe 2: Wie oft nutzen Sie die einzelnen Medien (täglich, mehrmals in der Woche, ein- bis zweimal im Monat)?

Gruppe 3: Wann und wo haben Sie mit Gedichten oder literarischen Texten zu tun?

2 Halten Sie die Ergebnisse Ihrer Gruppe schriftlich fest.

Das hat unsere Umfrage ergeben:

3 Präsentieren Sie die Gruppenergebnisse.

Mit diesen Inhalten beschäftigen Sie sich auf den folgenden Seiten.

Tragen Sie das Datum ein, wenn Sie die Seiten bearbeitet haben. ○ ●

			○	●
Literarische Texte lesen	**31**	Ein Gedicht kennenlernen		
	32	Ein Gedicht verstehen		
	33	Einen Romananfang lesen		
	34	Einen Romananfang zusammenfassen		

Schätzen Sie Ihre Kompetenzen auf Seite 122 ein.

31 EIN GEDICHT KENNENLERNEN

GUT ZU WISSEN

Gedichte kann man leicht erkennen, denn sie werden von ihrem Verfasser oder ihrer Verfasserin auf eine besondere Weise **optisch gestaltet.** Das geschieht zum Beispiel durch eine Gliederung der Zeilen in **Strophen.** Die Zeilen eines Gedichts nennt man **Verse.** Wenn sich Gedichte am Ende einer Zeile reimen, spricht man von **Endreimen.** In Gedichten werden oftmals **Gefühle** dargestellt. Themen wie Liebe, Natur, Trauer sowie die Jahreszeiten werden häufig behandelt. Um ein Gedicht zu verstehen, kann es helfen, dass man das Gedicht **laut liest.** Die literarische Gattung der Dichtung in Versform wird als **Lyrik** bezeichnet.

1 **A Überfliegen Sie den Text.**

Heinz Erhardt: Die polyglotte Katze

Die Katze sitzt vorm Mauseloch,
in das die Maus vor Kurzem kroch,
und denkt: „Da wart nicht lang ich,
die Maus, die fang ich!“

Die Maus jedoch spricht in dem Bau:
„Ich bin zwar klein, doch bin ich schlau!
Ich rühr mich nicht von hinnen,
ich bleibe drinnen!“

Da plötzlich hört sie – statt „miau“ –
ein laut vernehmliches „wau-wau“
und lacht: „Die arme Katze,
der Hund, der hatse!

Jetzt muss sie aber schleunigst flitzen,
anstatt vor meinem Loch zu sitzen!“
Doch leider – nun, man ahnt's bereits –
war das ein Irrtum ihrerseits.

Denn als die Maus vors Loch hintritt –
es war nur ein ganz kleiner Schritt –
wird sie durch Katzenpfotenkraft
hinweggerafft! – –

Danach wäscht sich die Katze die Pfote
und spricht mit der ihr eignen Note:
„Wie nützlich ist es dann und wann,
wenn man 'ne fremde Sprache kann ...!“

B Um welche Textsorte handelt es sich? Kreuzen Sie an und begründen Sie.

Der Text ist ☐ ein Zeitungsartikel, ☐ ein Gedicht, ☐ eine Kurzgeschichte,

weil ____.

C Unterstreichen Sie die Redeanteile der Maus und die Redeanteile der Katze im Text auf Seite 110. Verwenden Sie hierfür unterschiedliche Farben.

D Nummerieren Sie die Strophen links neben dem Gedicht. Beantworten Sie die folgenden Fragen.

1 Wo sitzt die Katze in der 1. Strophe? ______ ______	4 Was denkt die Maus in der 4. Strophe? ______ ______
2 Was macht die Maus in der 2. Strophe? ______ ______	5 Was passiert der Maus in der 5. Strophe? ______ ______
3 Was glaubt die Maus in der 3. Strophe? ______ ______	6 Welchen Tipp gibt die Katze in der 6. Strophe? ______ ______

E Markieren Sie die Reimwörter im Gedicht. Es sind Paarreime: *Mauseloch – kroch*

2 Üben Sie in kleinen Gruppen, das Gedicht laut vorzulesen. Was finden Sie dabei besonders wichtig?

3 Tauschen Sie sich darüber aus, in welchen Situationen Sie Fremdsprachen hilfreich fanden oder sich gewünscht haben, Sie würden die Fremdsprache sprechen.

4 Führen Sie in Ihrer Klasse eine Umfrage durch, welche Sprachen Ihre Mitschüler neben Deutsch noch sprechen.

	Deutsch	Türkisch
Max		
Gül		

5 Warum kann es im Beruf wichtig sein, eine Fremdsprache zu sprechen? Sammeln Sie Gründe.

______

______

______

31 EIN GEDICHT KENNENLERNEN

1 **Lesen Sie noch einmal GUT ZU WISSEN auf Seite 110. Fassen Sie die Merkmale eines Gedichts mit eigenen Worten zusammen.**

____

2 **Sammeln Sie mithilfe eines Brainstormings Ideen für ein eigenes Gedicht zum Thema *Tiere*. Beantworten Sie dazu folgende Fragen:**

1 Was für ein Tier ist es? Was zeichnet Ihr Tier aus? ______________________

____

2 In welcher Stimmung befindet sich Ihr Tier? Was tut es? ______________________

____

3 In welcher Stimmung befinden Sie sich? Was tun Sie? ______________________

____

3 **Lesen Sie das Elfchen-Rezept und schreiben Sie nach diesem Muster Ihr Tiergedicht.**

Elfchen-Rezept		
Wie ist es?	1 Wort	______________
Was ist es?	2 Wörter	______________
Was tut es?	3 Wörter	______________
Was tue ich?	4 Wörter	______________
Abschluss	1 besonderes Wort	______________

4 **Stellen Sie Ihre Gedichte Ihren Mitschülerinnen und Mitschülern vor.**

32 EIN GEDICHT VERSTEHEN

GUT ZU WISSEN

Ein Gedicht zu erfassen, ist nicht immer einfach. Wichtig ist es, den **Inhalt** zu verstehen. Dafür sollte man das Gedicht zwei- bis dreimal **lesen** und den **Inhalt** in eigenen Worten **zusammenfassen.** Am besten geht man dazu **strophenweise** vor. Danach sollte man sich den **Aufbau** des Gedichts anschauen. Wie viele Strophen hat das Gedicht? Aus wie vielen Versen bestehen die einzelnen Strophen? Ein weiterer wichtiger Punkt ist die **Sprache** des Gedichts. Welche Wortarten werden verwendet? Welche Sprache (Umgangssprache oder gehobene Sprache) benutzt der Dichter oder die Dichterin? Gibt es **sprachliche Bilder** oder besonders lebendige Formulierungen? Zum Schluss untersucht man das Gedicht auf **Reime.** Man spricht von einem Reim, wenn bei zwei oder mehreren Wörtern der letzte betonte Vokal gleich klingt. Folgende **Endreime** kommen oft vor: Der **Paarreim** mit dem Schema aabb (zum Beispiel: *heiter – weiter – Ort – Wort*). Der **Kreuzreim** mit dem Schema abab (zum Beispiel: *Ort – fassen – dort – lassen*).

1 **Verbinden Sie die einzelnen Schritte mit den passenden Erklärungen.**

1 Inhalt des Gedichts verstehen	Anzahl der Strophen und Verse ermitteln
2 Aufbau des Gedichts analysieren	Gedicht in eigenen Worten zusammenfassen
3 Sprache des Gedichts verstehen	Kreuzreim und Paarreim unterscheiden
4 Reimschema erkennen	sprachliche Bilder, besondere Formulierungen finden

2 **A Lesen Sie sich das Gedicht mehrmals durch.**

Erich Kästner: Sachliche Romanze

Als sie einander acht Jahre kannten
(und man darf sagen: sie kannten sich gut),
kam ihre Liebe plötzlich abhanden.
Wie andern Leuten ein Stock oder Hut.

Sie waren traurig, betrugen sich heiter,
versuchten Küsse, als ob nichts sei;
und sahen sich an und wussten nicht weiter.
Da weinte sie schließlich. Und er stand dabei.

Vom Fenster aus konnte man Schiffen winken.
Er sagte, es wäre schon Viertel nach vier
und Zeit, irgendwo Kaffee zu trinken.
Nebenan übte ein Mensch Klavier.

Sie gingen ins kleinste Café am Ort
und rührten in ihren Tassen.
Am Abend saßen sie immer noch dort.
Sie saßen allein und sprachen kein Wort
und konnten es einfach nicht fassen.

B Nummerieren Sie die einzelnen Strophen des Gedichts.

C Markieren Sie die Reimwörter farbig.

3 **Was stimmt? Analysieren Sie das Gedicht „Sachliche Romanze“ auf Seite 113.**

Das Gedicht hat
- ☐ 3 Strophen und jede Strophe hat 4 Verse.
- ☐ 4 Strophen und jede Strophe hat 5 Verse.
- ☐ 4 Strophen, die Strophen 1–3 haben 4 Verse, die Strophe 4 hat 5 Verse.

Welches Reimschema hat das Gedicht? ☐ abab (= Kreuzreim) ☐ aabb (= Paarreim)

4 **Beantworten Sie folgende Fragen zum Gedicht:**

Wer hat das Gedicht geschrieben? ______________________________

Wie lautet der Titel des Gedichts? ______________________________

5 **A Kreuzen Sie an, worum es im Gedicht hauptsächlich geht.**

Das Gedicht
- ☐ schildert eine schöne erste Verabredung zwischen einem Mann und einer Frau.
- ☐ handelt vom Klavierspiel eines Mannes.
- ☐ beschreibt, wie zwei Menschen feststellen, dass sie sich nicht mehr lieben.

B Sind die folgenden Aussagen falsch oder richtig?

Die Figuren …	**richtig**	**falsch**
… sind sehr verliebt.		
… gehen zusammen in ein Café.		
… haben sich nicht mehr viel zu sagen.		
… sind schon länger ein Paar.		
… treffen sich zufällig.		
… sind nicht mehr glücklich miteinander.		
… verbringen eine schöne Zeit miteinander.		

6 **„Sachliche Romanze“ – was fällt Ihnen am Titel des Gedichts auf?**

7 **Wie gefällt Ihnen das Gedicht, nachdem Sie sich damit beschäftigt haben?**

Mir gefällt (nicht), ______________________________

____

Spannend finde ich, dass ______________________________

____

32 EIN GEDICHT VERSTEHEN

1 **Lesen Sie noch einmal GUT ZU WISSEN auf Seite 113.**

2 **Schreiben Sie einem Freund oder einer Freundin eine E-Mail.**

Wählen Sie eine Person aus dem Gedicht „Sachliche Romanze“ auf Seite 113. Überlegen Sie, was die Person am Abend nach dem Treffen denkt oder fühlt. Sammeln Sie diese Gedanken in einer Mindmap.

3 **Planen Sie Ihre E-Mail.**

Aufbau	Notizen zum Inhalt
Betreff: Anrede: ...	
Hauptteil: Was ist am Tag passiert? ...	
Schluss: ...	

4 **Schreiben Sie mithilfe Ihrer Planungstabelle den Textteil der E-Mail in der Ich-Form.**

Liebe ______________________

ich muss dir erzählen, was heute passiert ist. ______________________

5 **Präsentieren Sie Ihre E-Mails in Ihrer Klasse.**

33 EINEN ROMANANFANG LESEN

GUT ZU WISSEN

In einem Roman wird eine **Geschichte** erzählt. Die Geschichte ist **fiktiv,** das heißt, dass sie sich der Autor oder die Autorin **ausgedacht** hat. Die Geschichte wird normalerweise in Sätzen erzählt und nicht in Versen wie ein Gedicht. Meistens ist ein Roman eine **längere Erzählung** und in **Kapitel** aufgeteilt. Es gibt im Roman eine **komplexe Handlung** und meistens auch **mehrere Handlungsstränge**. Das kann zum Beispiel bedeuten, dass die Geschichte aus der Sicht unterschiedlicher Figuren erzählt wird. Häufig steht eine **Hauptfigur** im Mittelpunkt der Geschichte, deren Entwicklung geschildert wird. Romane gehören zur Gattung der **Epik** (erzählende Texte).

1 **Kreuzen Sie an, welche Aussagen zum Thema Romane richtig oder falsch sind.**

Romane ...	richtig	falsch
... sind längere Erzählungen.		
... werden in Versen verfasst.		
... erzählen eine ausgedachte Geschichte.		
... sind meistens nur wenige Seiten lang.		
... gehören zu den erzählenden Texten (Epik).		
... sind in Strophen unterteilt.		
... haben mindestens eine Hauptfigur.		

2 **A Lesen Sie den Romananfang.**

Andreas Steinhöfel: Die Mitte der Welt (Romananfang)

Eines nasskalten Aprilmorgens bestieg Glass, die linke Hand am Griff ihres Koffers aus abgewetztem Lederimitat, die rechte am Geländer einer wackeligen Gangway, einen Ozeanriesen, der im Hafen von Boston zum Auslaufen nach Europa bereitlag. Menschen wimmelten über den Pier, Wasser schlug aufgebracht gegen die Kaimauer. In der Luft hing ein stechender, Übelkeit erregender Gestank, eine Mischung von verbranntem Teer und faulendem Fisch. Glass legte den Kopf in den Nacken und betrachtete mit zusammengekniffenen Augen die dickbauchigen Wolkenbänke, die sich über der Küste von Massachusetts stapelten. Nieselregen jagte gegen den dünnen Mantel, der ihre unmöglich mageren Beine umschlackerte. Sie war siebzehn Jahre alt und im neunten Monat schwanger.

Abschiedsrufe erklangen, weiße Taschentücher flatterten im Wind, Motoren erwachten zum Leben. Inmitten der wogenden Menschenmenge, die sich am Pier versammelt hatte, um Verwandten und Bekannten Lebewohl zu winken, stand ein Kind. Lachend erhob es eine Hand und deutete in den grauen Himmel. Hoch oben, auf salzigem Wind, tanzten Möwen wie die Papierfetzen bei einer Parade zur Feier des Unabhängigkeitstages. Die unschuldige Geste rührte Glass und reichte beinahe aus, ihren Entschluss, Amerika zu verlassen, ins Wanken zu bringen. Doch plötzlich hatte der Dampfer es eilig. Mit einem wehmütigen Tuten legte er ab und ließ den Hafen hinter sich. Sein Bug drückte tief ins Wasser. Glass wandte dem Festland den Rücken zu. Sie schaute nie zurück.

B Markieren Sie die Stellen im Text von Seite 116 gelb, die den Ort des Geschehens beschreiben. Achten Sie dabei besonders auf Adjektive.

C Kreisen Sie Textstellen ein, an denen Namen (Personen/Orte) genannt werden.

D Nutzen Sie Ihre Markierungen, um die folgenden Fragen zu beantworten:

1 Welcher Ort wird geschildert? Am Anfang des Romans „Die Mitte der Welt“ wird ______________

____ geschildert.

2 Um wen geht es in dem Textauszug? Im Textauszug geht es um ______________________

____

3 Was wird im Textauszug beschrieben? Am Anfang des Romans wird beschrieben, wie ________

____

3 A Markieren Sie im Text, was Sie über die handelnde Figur erfahren.

B Ergänzen Sie den folgenden Steckbrief mit Ihren Ergebnissen aus Aufgabe 3 A.

Steckbrief

Name: Glass

Alter: ______________________

Wohnort: ______________________

Kleidung: ______________________

Situation: ______________________

Reiseziel: ______________________

4 Sammeln Sie mithilfe eines Brainstormings, was Sie noch über Glass erfahren möchten.

5 Überlegen Sie, wie die Geschichte weitergehen könnte.

____

____

____

33 EINEN ROMANANFANG LESEN

1 **Lesen Sie noch einmal GUT ZU WISSEN und den Romananfang auf Seite 116.**

2 **A Lesen Sie den Klappentext.**

Klappentext: „Die Mitte der Welt“ von Andreas Steinhöfel

Was immer ein normales Leben auch sein mag – der 17-jährige Phil hat es nie kennengelernt. Denn so ungewöhnlich wie das alte Haus ist, in dem er lebt, so ungewöhnlich sind auch die Menschen, die dort ein und aus gehen – seine chaotische Mutter Glass, seine verschlossene Zwillingsschwester Dianne und all die anderen. Und dann ist da noch Nicholas, der Unerreichbare, in den Phil sich unsterblich verliebt hat ... Phil sehnt sich nach Orientierung und Perspektiven. Aber vor allem danach, mehr über sich selbst zu erfahren.

B Welche Funktion hat ein Klappentext? Kreuzen Sie an.

Ein Klappentext
- ☐ soll den Lesern das Ende des Buches verraten.
- ☐ soll für das Buch werben und das Interesse der Leser wecken.
- ☐ hat keine richtige Funktion; die Rückseite des Buches wäre sonst leer.

C Führen Sie eine kurze Umfrage in Ihrer Klasse durch.

Ich habe den Klappentext zu „Die Mitte der Welt“ gelesen und habe jetzt **mehr Lust**, den ganzen Roman zu lesen.	Ich habe den Klappentext zu „Die Mitte der Welt“ gelesen und habe jetzt **weniger Lust**, den ganzen Roman zu lesen.	Ich lese keine Romane.
von	von	von

3 **Romananfang und Klappentext: Was erfahren Sie über die Figuren des Romans?**

Wer wohnt in dem Haus?

Wer ist die Hauptfigur?

In wen ist die Hauptfigur verliebt?

4 **Wie könnte die Geschichte weitergehen? Überarbeiten Sie Ihre Ideen zu Aufgabe 5 auf Seite 117 mithilfe der neuen Informationen aus dem Klappentext.**

GUT ZU WISSEN

Wenn Sie eine **Zusammenfassung** eines Romanauszugs schreiben, müssen Sie den **Inhalt des Textes** wiedergeben. Die Zusammenfassung sollte **kürzer als** der **Ausgangstext** sein und Sie sollten das Geschehen **mit eigenen Worten** wiedergeben. Eine Zusammenfassung wird in der **Gegenwartsform** (Präsens) geschrieben.
Als Erstes sollten Sie den **Romanauszug** gründlich **lesen.** Danach **markieren** Sie die **wichtigsten Stellen** und teilen den Text in **Sinnabschnitte** ein. Hier kann es Ihnen auch helfen, die **W-Fragen** zu beantworten: Wer? Wann? Was? Wo? Warum? Wie? Es ist außerdem hilfreich, den einzelnen **Sinnabschnitten Überschriften** zu geben.
Eine Zusammenfassung besteht aus drei Teilen: **Einleitung, Hauptteil** und **Schluss.** Die Einleitung enthält die wichtigsten **Informationen zum Roman:** Autor, Titel, Textsorte, Erscheinungsjahr, Thema. Im Hauptteil wird mithilfe der W-Fragen der Inhalt wiedergegeben. Der Hauptteil darf keine eigene Meinung enthalten. Im Schlussteil können Sie in einem **Fazit** den Text kurz selbst beurteilen und beispielsweise beschreiben, wie Sie sich beim Lesen gefühlt haben.

1 A Lesen Sie den folgenden Romananfang.

Kerstin Gier: Silber. Das erste Buch der Träume (Romananfang)

Der Hund schnüffelte an meinem Koffer. Für einen Drogenspürhund war er ein erstaunlich flauschiges Exemplar, vielleicht ein Hovawart, und ich wollte ihm gerade die Ohren kraulen, als er die Lefzen anhob und ein bedrohliches „Wuff" von sich gab. Dann setzte er sich hin und drückte energisch die Nase an die Kofferwand. Der Zollbeamte schien darüber genauso erstaunt zu sein wie ich, er schaute zweimal vom Hund zu mir und wieder zurück, ehe er nach dem Koffer griff und sagte: „Na, dann wollen wir doch mal schauen, was unsere Amber da aufgespürt hat."
Na, großartig. Kaum eine halbe Stunde auf britischem Boden, und schon wurde ich verdächtigt, Drogen zu schmuggeln. Die echten Schmuggler in der Reihe hinter mir freuten sich bestimmt gerade diebisch, dank mir konnten sie nun unbehelligt mit ihren Schweizer Uhren oder Designerdrogen durch die Absperrung spazieren. Welcher Zollbeamte mit Verstand winkte denn ein fünfzehnjähriges Mädchen mit blondem Pferdeschwanz aus der Reihe anstatt beispielsweise dieses nervös wirkenden Typs mit dem verschlagenen Gesicht da hinten? Oder dieses verdächtig blassen Jungen mit strubbeligen Haaren, der im Flugzeug schon eingeschlafen gewesen war, bevor wir die Startbahn erreicht hatten. Kein Wunder, dass der jetzt so schadenfroh grinste. Seine Taschen waren wahrscheinlich gestrichen voll mit Schlaftabletten.
Aber ich beschloss, mir nicht die gute Laune verderben zu lassen, schließlich wartete hinter der Absperrung ein wunderbares neues Leben auf uns, mit genau dem Zuhause, das wir uns immer erträumt hatten. [...]

„Was zur Hölle ...?“, fragte der Zollbeamte, und sein Kollege hielt sich die Nase zu, während er mit spitzen Fingern anfing, einzelne Wäschestücke zur Seite zu räumen. Für die Zuschauer musste es so aussehen, als würden meine Klamotten bestialisch stinken.
„Entlebucher Biosphärenkäse“, erklärte ich, während mein Gesicht vermutlich eine ähnliche Farbe annahm wie der weinrote BH, den der Mann gerade in den Händen hielt. [...] Ganz so schlimm stinkend hatte ich ihn allerdings nicht in Erinnerung. „Schmeckt besser, als er riecht, ehrlich.“
Amber, der dumme Hund, schüttelte sich. Ich hörte die Leute kichern, die echten Schmuggler rieben sich garantiert gerade die Hände.

B Teilen Sie den Romananfang in Sinnabschnitte ein. Schreiben Sie zu jedem Sinnabschnitt zwei bis drei Stichwörter neben den Text.

C Beantworten Sie zur Vorbereitung des Hauptteils die W-Fragen zum Text.

Wer erzählt die Geschichte?	**Was** passiert am Flughafen?
Wo spielt der Romananfang?	**Warum** ist die Ich-Erzählerin am Flughafen?
Wie sieht die Ich-Erzählerin aus?	**Warum** hat der Spürhund angeschlagen?

2 Unterstreichen Sie in der Zusammenfassung, welche Information in die Einleitung, den Hauptteil und den Schluss gehört.

Achtung, Fehler!

Zusammenfassung des Romananfangs von „Silber“

Das Mädchen wird vom Zoll aus der Warteschlange gewinkt und muss ihren Koffer öffnen. Währenddessen denkt das Mädchen, dass kein vernünftiger Zollbeamte ein fünfzehnjähriges Mädchen kontrollieren würde und sich nun alle echten Schmuggler freuen, weil sie einfach weitergehen können.

Der Roman beginnt mit der Ankunft eines Mädchens an einem Flughafen in Großbritannien. Als sie am Zoll vorbeikommt, schlägt ein Drogenspürhund namens Amber an. Am Ende des Romanauszugs stellt sich heraus, dass der Hund Amber gar keine Drogen gerochen hat, sondern nur den Entlebucher Biosphärenkäse, den die Erzählerin in ihrem Koffer hat. Der Käse stinkt ganz fürchterlich und wahrscheinlich hat das auch Amber gedacht. Der Roman stammt aus dem Jahr 2013 und wurde in Frankfurt am Main im Fischer Verlag veröffentlicht.

Im ersten Kapitel des Romans „Silber. Das erste Buch der Träume“ von Kerstin Gier geht es um die Erlebnisse der Ich-Erzählerin bei ihrer Ankunft in Großbritannien.

34 EINEN ROMANANFANG ZUSAMMENFASSEN

1 Lesen Sie noch einmal GUT ZU WISSEN auf Seite 119 und ordnen Sie anschließend den Erläuterungen in der Tabelle die passenden Begriffe zu.

Epik • Roman • Handlung • Figurenkonstellation • Erzählerin/Erzähler • Autorin/Autor • Hauptfigur • Kapitel • fiktiv • Leserin/Leser

Dieser Text erzählt eine Geschichte, die häufig aus mehreren Handlungssträngen besteht.	Roman
Die Unterteilung eines Romans in diese Einheiten erleichtert es häufig, die Handlungsstränge zu verstehen.	Kapitel
die Textgattung, zu der auch Romane gehören	
die Stimme oder die Figur, die dem Leser oder der Leserin die Geschichte präsentiert	
die Person, die das Gedicht oder den Roman geschrieben hat	
der Fachbegriff dafür, wie die Handelnden in einem Roman zueinander stehen	
Dieses Adjektiv drückt aus, dass die Figuren und Handlungen in Romanen erfunden sind.	
die Person, die einen Roman liest	
der Fachbegriff für das Geschehen in einem Roman	
die Figur, um die sich die Geschichte dreht	

2 Stellen Sie die Fragen zu den Antworten.

1 Die Trilogie „Silber“ wurde von der Autorin Kerstin Gier geschrieben.

____

2 Die Handlung wird von einer Ich-Erzählerin vorangetrieben.

____

3 Die Figurenkonstellation wird aus dem Romananfang nicht eindeutig klar.

____

3 Tauschen Sie sich in Ihrer Klasse zu folgenden Fragen aus: Welche Serie(n) gucken Sie am liebsten? Warum? Würden Sie auch das Buch dazu lesen?

SICH MIT LITERATUR BESCHÄFTIGEN: ALLES KLAR

1 Markieren und notieren Sie die elf versteckten Fachbegriffe aus der Literatur.

Die Wörter sind von links nach rechts und von oben nach unten versteckt. Umlaute sind mit zwei Buchstaben geschrieben.

N	O	K	U	F	I	N	U	E	R	N	A	G	E	D	I	C	H[7]	T	G
X	Q	A	I	W	C	B	L	U	K	K	Z	T	P	Y	W	R	A	C	D
R	N	P	M	A	I	I	P	A	T	L[1]	Y	R	I	K	K	B	E	A	M
A	U	I[2]	W	R	G	X	M	T	H	S	H	A	K	D	Y	E	R	Y	Y
B	P	T	M	D	R	R[8]	O	M	A	N	Q	U	M	D	O	I	Z	Z	S
S	U	E	L	N	T	T	L	G	N	A	A	V	C	G	H	T	A	I	I
K	X	L	R	O	M	H	E	E	D	Q	C	C	E	N	P	V	E	R	S[4]
V	S	T	R	O	P	H	E[6]	B	L	P	D	C	N	Y	C	H	H	L	B
Y	R	Z	E	N	E	U	X	I	U	E	A	D	A	D	N	E	L	C	I
D	Q	G	I	M	N	T	Q	C	N	V	T	I	A	B	J	F	E[3]	C	X
V	C	A	M[5]	R	K	N	Q	C	G	S	F	A	A	U	T	O	R	I	N

Lösungssatz:

1	2	3	4		5	6	7	8	!

2 Welches Buch möchten Sie anderen empfehlen? Schreiben Sie einen kurzen Klappentext.

____

____

____

____

Schätzen Sie sich ein, wenn Sie die Seiten bearbeitet haben.

			Das kann ich gut	Das kann ich	Das kann ich teilweise	Das trainiere ich noch einmal
Literarische Texte lesen	**31**	Ein Gedicht kennenlernen				
	32	Ein Gedicht verstehen				
	33	Einen Romananfang lesen				
	34	Einen Romananfang zusammenfassen				

GRAMMATIK UND RECHTSCHREIBUNG: LOS!

„Hätte ich gewusst, dass es so wichtig ist, einen sprachlich korrekten Lebenslauf – damit meine ich Rechtschreibung, Zeichensetzung und Grammatik – abzugeben, hätte ich mich mehr damit beschäftigt."

1 **Sehen Sie sich die folgende Grafik an. Was verdeutlicht sie?**

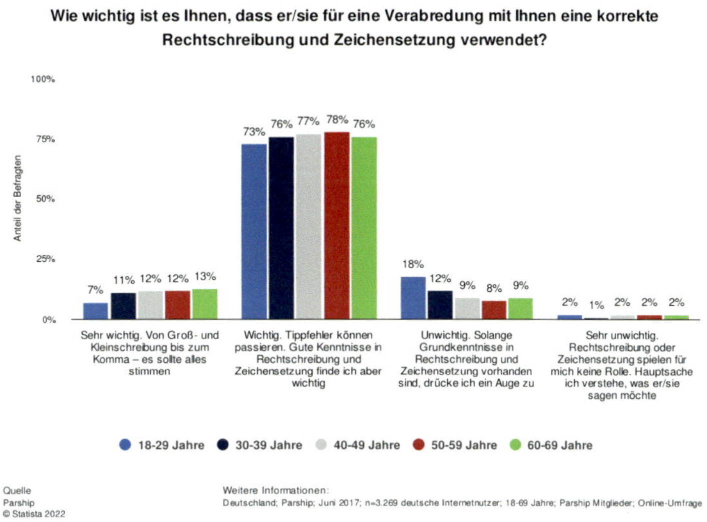

2 **Haben Sie selbst schon einmal erlebt, dass ein Fehler in der Rechtschreibung, Zeichensetzung oder Grammatik zu Missverständnissen oder Nachteilen führte?**

Mit diesen Inhalten beschäftigen Sie sich auf den folgenden Seiten.

Tragen Sie das Datum ein, wenn Sie die Seiten bearbeitet haben. ○ ●

			○	●
Grundwissen Grammatik	**35**	Wortarten kennen		
	36	Groß- oder kleinschreiben		
	37	Zeiten kennen und verwenden		
	38	Das Verb regiert den Satz		
Richtig schreiben	**39**	Haupt- und Nebensätze verbinden		
	40	Kommas richtig setzen		
	41	Das oder dass?		
	42	Aussagen von anderen wiedergeben		
	43	Schwierige Wörter trainieren		

Schätzen Sie Ihre Kompetenzen auf Seite 150 ein.

35 WORTARTEN KENNEN

GUT ZU WISSEN

Die Wörter einer Sprache kann man nach Wortarten ordnen. Man unterscheidet folgende Wortarten:

Bezeichnungen		**Beispiele**
veränderbar		
das Nomen/Substantiv	→ Hauptwort	*Baum, Katze, Glück*
das Verb	→ Tätigkeitswort	*schreiben, telefonieren*
das Adjektiv	→ Eigenschaftswort	*lang, kurz*
der Artikel	→ Begleiter/Geschlechtswort	*der, die, das, dem, eine*
das Pronomen	→ Fürwort	*ich, dein, sich, welches, diese*
unveränderbar		
das Numerale	→ Zahlwort	*eins, zweitens, viele*
das Adverb	→ Umstandswort	*heute, draußen, immer, gern*
die Präposition	→ Verhältniswort	*in, unter, auf, zwischen*
die Konjunktion	→ Bindewort	*und, als, weil, obwohl, wenn, denn*
die Interjektion	→ Empfindungswort	*oh!, ach!*

1 **Bestimmen Sie die Wortarten. Tragen Sie die Wörter aus den Sprechblasen in die Tabelle ein.**

Ich freue mich.

Heute bekommen Sie Ihre letzte Infusion.

Ihre Laborwerte sind gut. Ich entlasse Sie am Freitag.

Nomen	Verb	Pronomen

Adjektiv	Adverb	Präposition

2 **Notieren Sie, welche Wortart immer großgeschrieben wird:** ____________________

3 Welche Adjektivpaare sind hier enthalten? Notieren Sie.

sauberbilligneuniedrigbreittieftrockenschmutzigteueralthochschmalflachfeucht

4 Überarbeiten Sie den Text über Gesundheits- und Krankenpfleger.

Ersetzen Sie die eingeklammerten Verben durch aussagekräftigere Verben. Jedes Verb darf nur einmal vorkommen. Im Wortkasten sind auch andere Wortarten enthalten.

helfen • aktuell • Krankenhaus • erledigen • lang • Infusion • verabreichen • Diät • dokumentieren • übernehmen • informieren • schlimm • Dokumentation • sicher • Ärztin • einfach • als • schwer • Pflegedienst

Gesundheits- und Krankenpfleger/-innen haben verschiedene Aufgaben, z. B.:

1 nach ärztlicher Anordnung kranken und pflegebedürftigen Menschen Medikamente (geben) ______

2 gegebenenfalls die Grundpflege (machen) ______

3 über gesundheitsfördernde Maßnahmen (sprechen) ______

4 Werte wie Blutdruck, Puls und Temperatur (festhalten) ______

5 Organisationsaufgaben (machen) ______

5 A Schreiben Sie den Text in der richtigen Groß- und Kleinschreibung auf.

FLORENCE NIGHTINGALE

DIE BRITISCHE KRANKENSCHWESTER FLORENCE NIGHTINGALE BEGRÜNDETE DIE MODERNE WESTLICHE KRANKENPFLEGE. SIE ENGAGIERTE SICH FÜR NOTLEIDENDE UND KRANKE, WAS SIE LETZTENDLICH ZU EINER AUSBILDUNG ZUR KRANKENSCHWESTER MOTIVIERTE. DAFÜR GING SIE NACH DEUTSCHLAND, DA IN ENGLAND ZU DER ZEIT KEINE AUSBILDUNG AUF DIESEM GEBIET MÖGLICH WAR. SPÄTER UNTERSTÜTZTE SIE MIT ANDEREN KRANKENSCHWESTERN DIE ÄRZTE IN EINEM MILITÄRLAZARETT. DIE PFLEGE ERFOLGTE UNTER EINFACHSTEN BEDINGUNGEN, HINZU KAMEN VIELE BÜROKRATISCHE HÜRDEN. DENNOCH WAR FLORENCE NIGHTINGALE ERFOLGREICH. INNERHALB WENIGER MONATE VERSORGTE SIE MIT DEN ANDEREN KRANKENSCHWESTERN ETWA 10.000 SOLDATEN. SIE WAR DER MEINUNG, DASS ES EIN WISSEN ÜBER DIE PFLEGE GEBEN SOLLTE. DIESES WISSEN SCHRIEB SIE AUF. DAMIT LEGTE SIE DEN GRUNDSTEIN FÜR DIE PFLEGETHEORIE.

B Unterstreichen Sie alle Nomen, Verben und Adjektive. Nutzen Sie unterschiedliche Farben.

1 **Lesen Sie noch einmal GUT ZU WISSEN auf Seite 124.**

2 **Bestimmen Sie in den folgenden Sätzen die Wortarten.**

Die	Krankenpflegeausbildung	ist	vielseitig.
______	______	______	______

Engagiertes	Pflegepersonal	wird	immer	gesucht.
______	______	______	______	______

3 **Setzen Sie im Text die passenden Adjektive in der richtigen Form ein.**

stark • Thermometer • quälen • untersuchen • zahlreich • typisch • Impfung • messen • genau • klar • ausbreiten • Patient • 20- bis 40-jährig • qualvoll • Virus • leiden • hilflos • hoch • heilen

Die Spanische Gripppe

Gegen Ende des Ersten Weltkriegs brach die Spanische Grippe aus, die ______[1] Menschenleben forderte. Die ______[2] Zahl lässt sich heute nicht mehr ermitteln, aber ______[3] ist, dass es mehr waren als im Ersten Weltkrieg. Vor allem ______[4] Menschen waren die Opfer dieser ______[5] Krankheit. ______[6] Symptome sind zum Beispiel ______[7] Fieber und ______[8] Kopf- und Rückenschmerzen. Auch die Atemwege werden angegriffen. Ärzte und Pflegepersonal waren oft ______[9]. 2019 wurde in Wiesloch (Baden-Württemberg) das erste Denkmal in Deutschland zur Erinnerung an diese Krankheit enthüllt.

4 **A Schreiben Sie den Text in der richtigen Groß- und Kleinschreibung auf.** Achtung, Fehler!

die spanische grippe hat nichts mit dem land spanien zu tun. die ersten krankheitsfälle traten 1918 in einem militärlager in den usa auf. da spanien im ersten weltkrieg neutral war und dort die presse relativ frei schreiben konnte, wurde in diesem land sehr offen über die pandemie berichtet. so kam es zu diesem namen.

B Unterstreichen Sie alle Nomen, Verben und Adjektive mit verschiedenen Farben.

36 GROSS- ODER KLEINSCHREIBEN

GUT ZU WISSEN

Satzanfänge, Eigennamen und Nomen schreibt man groß.
Typische Endungen von Nomen sind *-heit, -keit, -ung, -schaft, -nis, -tum.*
die Gesundheit, die Freundlichkeit, die Verbesserung, die Landschaft, die Erkenntnis, das Wachstum
Höfliche Anreden *(Sie, Ihnen, ...)* **schreibt man groß.** Die Anrede *Sie* ist nicht mit dem Personalpronomen *sie* zu verwechseln.
Die Anredepronomen *(du, ihr, ...)* werden im Allgemeinen kleingeschrieben. In Briefen kann man sie auch großschreiben.
Adjektive und Verben schreibt man klein.
Wenn Adjektive und Verben als Nomen verwendet werden, schreibt man sie groß.
viel Schönes, etwas Besonderes, zum Bewerben

1 Welche Berufe kennen Sie?

Arbeiten Sie zu zweit. Sagen Sie in Gedanken das Alphabet. Wenn Ihr Partner „Stopp“ sagt, denken Sie sich beide einen Beruf aus, der mit diesem Buchstaben beginnt. Schreiben Sie einen vollständigen Satz auf, der etwas über diesen Beruf aussagt. Wechseln Sie die Rollen. Tauschen Sie anschließend Ihre Sätze aus. Korrigieren Sie die Groß- und Kleinschreibung.

2 A Markieren Sie die Stellen im Text, die großgeschrieben werden müssen.

Achtung, Fehler!

ausbildungsberufe in deutschland

mit einer ausbildung stellen wir häufig die weichen für unsere berufliche entwicklung. manchmal fällt es schwer, zu entscheiden, welchen weg man einschlagen möchte, denn es gibt wirklich eine vielzahl von interessanten berufen. ca. 300 anerkannte ausbildungsberufe gibt es in deutschland! das sind sehr viele, die verschiedenen berufsfeldern zugeordnet werden, wie z. b. elektro, metall, soziales oder wirtschaft und verwaltung. wenn man zunächst ein interessantes berufsfeld auswählt und sich dann vom großen zum kleinen oder vom groben zum feinen orientiert, wird man erstaunt sein, welche berufe es gibt.

B Schreiben Sie den Text in korrekter Groß- und Kleinschreibung.

3 **Bilden Sie weitere Nomen mit den Endungen *-heit, -keit, -ung, -schaft, -nis, -tum*. Ergänzen Sie jeweils den Artikel.**

-heit	-keit	-ung
die Gesundheit	______	______
______	______	______

-schaft	-nis	-tum
______	______	______
______	______	______

4 **Formulieren Sie eine Regel zum Artikel bei Nomen mit den Endungen *-heit, -keit, -ung, -schaft, -nis, -tum*.**

______

______

______

5 **A Ergänzen Sie die fehlenden Anfangsbuchstaben im folgenden Schreiben. Achten Sie auf die korrekte Schreibweise der Pronomen.**

Sehr geehrte Frau Russo,

__ch[1] habe __hr[2] Schreiben erhalten. Gerne komme __ch[3] zu dem von __hnen[4] vorgeschlagenen Termin bei __hnen[5] vorbei. Meine Schwester wird __ich[6] begleiten, da __ie[7] __ie[8] sicherlich auch tatkräftig unterstützen kann.

Bis bald

__hre[9] Rosita Müller

B Schreiben Sie einen Satz, in dem Sie sich bei Frau Müller für die erhaltene E-Mail bedanken.

______

______

36 GROSS- ODER KLEINSCHREIBEN

1 **Lesen Sie noch einmal GUT ZU WISSEN auf Seite 127.**

2 **A Der folgende Text enthält acht Fehler in der Groß- und Kleinschreibung. Markieren Sie die Fehler.**

Achtung, Fehler!

Interessante Berufsfelder

Alle anerkannten Ausbildungs- und studienberufe können Berufsfeldern zugeordnet werden. Das sind 16 an der Zahl! da gibt es in jedem Feld Berufe, die für einen vielseitigen, abwechslungsreichen, bisweilen aufregenden arbeitsalltag sorgen. Dabei sind auch Berufe, von denen nicht schon Jeder gehört hat. Warum ist das so? Vielleicht sind diese berufe weniger gefragt oder haben sich weiter- oder in eine Andere Richtung entwickelt. Das ist sehr spannend und wir sollten am Ball bleiben! Nur durch das informieren wissen wir, wohin die weitere Entwicklung geht. Es wird einiges neues auf uns zukommen.

B Schreiben Sie den korrigierten Text in Ihr Heft.

3 **Vervollständigen Sie die folgenden Sätze sinnvoll und in korrekter Schreibweise.**

1 Ich bin zum ______________________ hier.

2 Das ständige ______________________ führte zu diesem Erfolg.

3 Unüberlegtes ______________________ führt meistens zu Fehlern.

4 Mir gefällt eure Art zu ______________________.

5 Es war schon etwas ______________________, als uns der Abteilungsleiter vor allen lobte.

4 **Ergänzen Sie die fehlenden Pronomen in der folgenden E-Mail. Achten Sie auf die korrekte Schreibweise.**

Sehr geehrte Frau Müller,

__________ [1] habe mich sehr über __________ [2] Antwort gefreut. Es gibt hier einiges zu tun, was __________ [3] nicht mehr alleine schaffe. Über jede Hilfe von __________ [4] und von __________ [5] Familie bin ich sehr dankbar. Ich bin sehr froh, dass __________ [6] gemeinsam mit __________ [7] Schwester vorbeikommen werden. Hat __________ [8] Schwester bereits Erfahrung in diesem Bereich sammeln können? Kann __________ [9] auch kochen? Lassen __________ [10] mich dies bitte wissen. Ich freue mich auf __________ [11] Antwort.

B. Russo

37 ZEITEN KENNEN UND VERWENDEN

GUT ZU WISSEN

Verben drücken aus, was jemand macht oder was passiert. Sie können auch mitteilen, wann dies geschieht.
Es gibt regelmäßige und unregelmäßige Verben:

	Infinitiv	**Präteritum**	**Partizip Perfekt**
regelmäßig:	*hören*	*hörte*	*gehört*
unregelmäßig:	*kommen*	*kam*	*gekommen*

Plusquamperfekt **Präteritum** **Perfekt** **Präsens** **Futur**

Tempus	**wird verwendet, ...**	**Beispiele**
Präsens (Gegenwart)	um auszudrücken, dass etwas gerade oder regelmäßig geschieht.	*Marie hört Musik. Yannic kommt spät.*
Perfekt (vollendete Gegenwart)	wenn man etwas mündlich erzählt, was schon vergangen ist.	*Marie hat Musik gehört. Yannic ist spät gekommen.*
Präteritum (Vergangenheit)	wenn man schriftlich über etwas erzählt oder berichtet, was vergangen ist.	*Marie hörte Musik. Yannic kam spät.*
Plusquamperfekt (Vorvergangenheit)	wenn man ausdrücken will, dass etwas vor einem zurückliegenden Ereignis geschah.	*Marie hatte Musik gehört. Yannic war spät gekommen.*
Futur I (Zukunft I)	um etwas Zukünftiges auszudrücken.	*Marie wird Musik hören. Yannic wird spät kommen.*

1 **Notieren Sie jeweils das Präteritum und das Partizip Perfekt.**

finden ______________________________

arbeiten ______________________________

anbieten ______________________________

bewerben ______________________________

entfernen ______________________________

beginnen ______________________________

helfen ______________________________

2 Setzen Sie das passende Verb in der richtigen Zeit ein.

wissen • sein • säubern • haben • herausstellen • dauern • ziehen • gehören • legen

Der Beruf der Gebäudereinigerin / des Gebäudereinigers ________[1] ein anerkannter Ausbildungsberuf. Wer ____________[2] schon, dass dieses Berufsfeld *in den letzten Jahren* die meisten Beschäftigten im Handwerk ____________[3]. Die Ausbildung ____________[4] drei Jahre. Das Reinigen von Innenräumen, Fassaden oder anderen Außenbereichen ____________[5] zum Aufgabenbereich. Ob man *später* sogar Bahnen, Busse oder sogar Schiffe ____________ ____________[6], ________ sich ____________________[7]. Auch wenn *schon im 17. Jahrhundert* sogenannte Wäscher mit Bürsten von Stadt zu Stadt ____________[8], um dort Fassaden zu reinigen, ____________[9] die Industrialisierung den Grundstock für das Handwerk und seine Entstehung.

3 A Markieren Sie alle Verben im Text.

Elena berichtet ihrer Freundin aus ihrem Alltag als Gebäudereinigerin:

Um 8 Uhr habe ich mit meiner Arbeit begonnen. Zuerst habe ich meinen Einsatzplan gelesen. Die Aufgaben sind vielfältig gewesen. Für eine Baustellenreinigung habe ich die entsprechenden Materialien aus dem Lager geholt und mich dann mit Kollegen auf den Weg gemacht. Im Laufe des Vormittags haben wir alles gesäubert und anschließend den Müll entsorgt. Nach der Mittagspause sind wir zu einem kleinen Büro gefahren. Dort habe ich alle Tische abgewischt, die Schränke abgestaubt und die Papierkörbe geleert. Ein Kleber auf dem Boden hat sich zu einer echten Herausforderung entwickelt. Endlich ist es mir gelungen, diesen zu entfernen.

B Notieren Sie, in welcher Zeitform Elena erzählt: ____________________

C Wandeln Sie Elenas mündlichen Bericht in einen schriftlichen Bericht um.

D Was wird Elena morgen bei ihrer Arbeit tun? Schreiben Sie vier Sätze.

____

____

____

____

____

37 ZEITEN KENNEN UND VERWENDEN

1 **Lesen Sie noch einmal GUT ZU WISSEN auf Seite 130.**

2 **Schreiben Sie den Text ab. Setzen Sie dabei die Verben in die richtige Zeitform.**

Sauberkeit *(sein)* wichtig für das Wohlbefinden und die Gesundheit. Zwischen Keimen und Krankheiten *(bestehen)* ein Zusammenhang. Das *(führen)* auch zur Entwicklung von Seifen, Desinfektionsmitteln und Medikamenten. Wenn man Desinfektionsmittel unsachgemäß *(benutzen)* oder nicht richtig *(entsorgen)*, *(gelangen)* sie in Gewässer oder Kläranlagen. Dies *(schaden)* der Umwelt und letztendlich den Menschen. Es *(müssen sein)* unsere Pflicht, nicht gedankenlos damit umzugehen. Die Natur *(danken)* es uns.

3 **Unterstreichen Sie die Verben in den Sätzen. Bestimmen Sie jeweils die Zeitform.**

1 Ich habe das Desinfektionsmittel benutzt. ______________

2 Ich habe die Seife aufgebraucht. Morgen werde ich neue kaufen. ______________ / ______________

3 Brauchst du auch etwas? ______________

4 Ich vergaß, dich letztes Mal zu fragen. ______________

4 **A Verbinden Sie die Sätze mit *nachdem*.**

Beispiel Er sah den Schmutz. Er begann mit der Reinigung.

Nachdem er den Schmutz gesehen hatte, begann er mit der Reinigung.

1 Die Pest forderte viele Menschenleben. Man führte Regeln zur Sauberkeit der Straßen ein.

____

____

2 Der Arzt Dr. Semmelweis erkannte den Zusammenhang von Hygiene und Sterblichkeit bei Geburten. Er versuchte, Hygienevorschriften in den Krankenhäusern einzuführen.

____

____

____

B Markieren Sie die Formen des Plusquamperfekts in Ihren Sätzen.

C Bilden Sie weitere thematisch passende Sätze mit *nachdem*.

GUT ZU WISSEN

Das Verb nimmt eine **wichtige Position** im Satz ein. **In Hauptsätzen** steht es **an zweiter Stelle:**

Der Busfahrer	***gibt***	*mir ein Ticket.*	
Vorfeld	**Verb**	Mittelfeld	

Das bedeutet auch, dass **davor nur ein Satzglied** steht.

Ist das Verb **mehrteilig,** spricht man von einer **Verbklammer.** Die veränderbare Form **(das finite Verb)** steht an zweiter Stelle, die andere Verbform am Satzende.

Der Busfahrer	***hat***	*mir ein Ticket*	***gegeben****.*
Der Busfahrer	***kann***	*mir das Ticket*	***ausstellen****.*
Von dem Busfahrer	***wurde***	*mir jetzt das Ticket*	***ausgestellt.***
Der Busfahrer	***stellt***	*mir das Ticket*	***aus.***
Vorfeld	**Verb**	Mittelfeld	**Verb**

1 **Bilden Sie weitere Sätze. Achten Sie auf die Position der Verben. Bei manchen Sätzen gibt es mehrere Möglichkeiten.**

die Ausbildung zum Berufskraftfahrer im Personenverkehr • drei Jahre • dauern

Busfahrer • Personen von Ort zu Ort • befördern können

ausstellen • das Ticket • die Busfahrerin

Vorfeld	**Verb**	Mittelfeld	**Verb**
Die Ausbildung zum Berufskraftfahrer im Personenverkehr	*dauert*	*drei Jahre.*	

38 DAS VERB REGIERT DEN SATZ

1 **Lesen Sie noch einmal GUT ZU WISSEN auf Seite 133.**

2 **Legen Sie eine Tabelle nach dem folgenden Muster an und tragen Sie die Sätze unten passend in die Tabelle ein.**

Vorfeld	**Verb**	Mittelfeld	**Verb**

1 Busfahrer im Linienverkehr lassen Fahrgäste an den gewünschten Haltestellen aussteigen.

2 Sie helfen Fahrgästen mit Rollstuhl oder Kinderwagen beim Aus- und Einsteigen.

3 Eine Rampe kann dabei unterstützend eingesetzt werden.

4 Fahrgäste werden von ihnen zu Tarifen beraten.

5 Bei Störungen am Fahrzeug und bei Unfällen leiten sie Sofortmaßnahmen ein.

3 **Ergänzen Sie drei weitere Sätze zum Aufgabenfeld des Busfahrers. Tragen Sie auch diese in die Tabelle ein.**

4 **Was steht an welcher Position im Satz? Tragen Sie den folgenden Satz in die Tabelle ein.**

Während der Ausbildung lernt man nicht nur den Umgang mit Linien- oder Reisebussen.

5 **Verändern Sie den Satz, indem Sie jeweils ein anderes Satzglied in das Vorfeld stellen.**

6 **Setzen Sie eine Variante des Satzes in das Perfekt. Tragen Sie diesen Satz ebenfalls in die Tabelle ein.**

7 **Bilden Sie Hauptsätze mit *denn*.**

aufmerksam und konzentriert fahren • auskennen in der Fahrzeugtechnik • kommunikativ, freundlich, höflich sein • auch stressige Verkehrssituationen meistern können

Mona ist eine gute Busfahrerin, denn ______________________________

____

____

____

____

39 HAUPT- UND NEBENSÄTZE VERBINDEN

GUT ZU WISSEN

Die Konjunktionen *weil, da, nachdem, während, sobald, wenn, damit, obwohl, dass* verbinden Haupt- und Nebensätze.

Zwischen Haupt- und Nebensatz steht immer ein Komma.

Im Nebensatz steht die gebeugte/finite Verbform am Ende.

Beispiel: *Das Auto fährt langsamer, weil es einen Anhänger **hat**.*

1 **A Setzen Sie die jeweils passende Konjunktion in den Text ein.**

nachdem • weil • damit • wenn

Fliesenlegen

__________[1] man sich für eine Ausbildung zum Fliesenleger / zur Fliesenlegerin entscheidet, sind die Einsatzorte vielfältig. Man kann auf Baustellen, in Wohnhäusern oder im Freien arbeiten. Häufig muss man die Kundschaft auch beraten, __________[2] sie zum Beispiel wissen will, welche Fliesenarten sich für den jeweiligen Bereich eignen. __________________[3] sich die Kundin oder der Kunde für Fliesen entschieden hat, kann es losgehen. __________[4] später die Fliesen richtig liegen und der Belag nicht uneben oder schief ist, lernt man in der Ausbildung auch, wie man den Untergrund bearbeitet.

B Überprüfen Sie die Schreibweise der eingesetzten Konjunktionen.

C Markieren Sie alle gebeugten/finiten Verben.

D Unterstreichen Sie die Nebensätze.

E Schreiben Sie einen Merksatz zur Position des gebeugten/finiten Verbs im Hauptsatz und Nebensatz.

____

____

____

2 **Verbinden Sie jeweils die beiden Hauptsätze mit einer passenden Konjunktion aus GUT ZU WISSEN auf Seite 135.**

1 Archäologen legten 1852 ein großes römisches Bodenmosaik frei. Dieses nutzte man als Vorlage für moderne Fliesen.

2 Mosaikfliesen sind heute sehr gefragt. Sie sind keine Erfindung der Neuzeit.

3 Fliesen des 17. Jahrhunderts aus den Niederlanden werden meist Delfter Fliesen genannt. Delft verlor als Fliesenproduzent ab 1650 an Bedeutung.

3 **Unterstreichen Sie die Nebensätze in Ihren Sätzen aus Aufgabe 2.**

4 **Stellen Sie die Nebensätze aus Aufgabe 2 an eine andere Stelle im Satz.**

Beispiel: Nachdem wir uns die Mosaikfliesen ausgesucht hatten, hat der Fliesenleger sie verlegt. Der Fliesenleger hat die Mosaikfliesen verlegt, nachdem wir sie uns ausgesucht hatten.

39 HAUPT- UND NEBENSÄTZE VERBINDEN

1 **Lesen Sie noch einmal GUT ZU WISSEN auf Seite 135.**

2 **Verbinden Sie die Sätze mit Konjunktionen. Notieren Sie jeweils den Nebensatz.**

Die Ausbildung macht Spaß. Ich arbeite an verschiedenen Einsatzorten.

(weil) ____________________

(wenn) ____________________

(obwohl) ____________________

(sobald) ____________________

3 **Diskutieren Sie zu zweit, wie sich der Sinn der Nebensätze aus Aufgabe 2 ändert.**

4 **Verbinden Sie die beiden Hauptsätze mit einer passenden Konjunktion aus GUT ZU WISSEN von Seite 135.**

1 Die Griechen integrierten erstmals Bilder in ein Mosaik. Viele Historikerinnen und Historiker sehen darin den Beginn des Mosaiks.

____

____

2 Früher hat man Steinchen einzeln verarbeitet. Heute ist das Mosaik oft auf einem Gewebegitter befestigt.

____

____

5 **Formulieren Sie jeden Satz in einen Satz mit Haupt- und Nebensatz um.**

1 Wegen meiner guten Leistungen werde ich von meinem Ausbildungsbetrieb übernommen.

____

____

2 Nach der Ausbildung will ich mich weiterqualifizieren.

____

____

40 KOMMAS RICHTIG SETZEN

GUT ZU WISSEN

Kommas werden gesetzt
– bei Aufzählungen:
Beispiel: *Sie ist motiviert, interessiert, aufgeschlossen und offen für vieles.*
Vor ***und, oder, entweder – oder, sowohl – als auch*** steht **kein** Komma.

– zwischen Haupt- und Nebensatz:
Beispiel: *Wenn er rechtzeitig kommen will, muss er sich beeilen.*
Beispiel: *Er muss sich beeilen, wenn er rechtzeitig kommen will.*

– bei *um zu, ohne zu, anstatt zu* und Infinitiv:
Beispiel: *Sie hat einen früheren Zug genommen, um pünktlich da zu sein.*

1 Erklären Sie die Zeichensetzung in den folgenden Sätzen.

Tierpfleger/-innen können in Zoos, Tierheimen, Tierkliniken, Zuchtbetrieben oder Forschungseinrichtungen arbeiten.	*Komma bei Aufzählung*
Tierpfleger/-innen sind auch an Wochenenden und Feiertagen im Einsatz, da die Tiere selbstverständlich auch an diesen Tagen versorgt werden müssen.	
Tierunterkünfte müssen gereinigt und desinfiziert werden.	
Es ist klar, dass eine Tierpflegerin / ein Tierpfleger auch bei ärztlichen Untersuchungen und Behandlungen der Tiere hilft.	
Während der Ausbildung lernt man vieles über die Haltung, Ernährung, Pflege und Zucht von Tieren, um später die vielfältigen Aufgaben bewältigen zu können.	

2 A Verbinden Sie die Satzteile sinnvoll.

Anna arbeitet als Tierpflegerin in einer Tierklinik	der seit mehreren Tagen an Durchfall leidet
Zuvor hat sie eine dreijährige Ausbildung gemacht	um Ängste zu nehmen
Sie versorgt kranke oder verletzte Tiere	bei der sie vieles gelernt hat
Heute wird ein Hund eingeliefert	freuen sich alle
Eine wichtige Aufgabe ist das Gespräch mit den Besitzerinnen und Besitzern	und unterstützt bei Behandlungen und Eingriffen
Wenn die vierbeinigen Patienten entlassen werden	in der viele Tiere behandelt werden

B Schreiben Sie die vollständigen Sätze auf. Ergänzen Sie fehlende Satzzeichen im Satz und am Ende. Markieren Sie Ihre ergänzten Satzzeichen und begründen Sie diese.

40 KOMMAS RICHTIG SETZEN

1 **Lesen Sie noch einmal GUT ZU WISSEN auf Seite 138.**

2 **Schreiben Sie auf, über welche Tiere Sie bei einem Zoobesuch gerne mehr wissen möchten. Achten Sie auf die Zeichensetzung. Beginnen Sie so:**

Wenn ich in den Zoo gehe ______________________________

____

3 **A Ergänzen Sie die Kommas in dem folgenden Text.**

Achtung, Fehler!

Im Zoo

In Deutschland gibt es mehr als 500 Zoos in die viele Besucher kommen um die Tiere anzuschauen und etwas über sie zu erfahren. Je nach Größe des Zoos gibt es einiges zu sehen: Löwen Tiger Elefanten Eisbären oder auch Amphibien Fische und Vögel. Interessant ist die Fütterung der Tiere bei der man häufig auch zuschauen kann. Wenn man Zeit hat kann man bei einem Besuch mehrere Fütterungen miterleben. Es ist selbstverständlich dass das Füttern der Tiere durch die Besucher verboten ist. So soll verhindert werden dass die Tiere durch mitgebrachte Lebensmittel krank werden. Die Tierpflegerinnen und Tierpfleger lassen sich auch einiges einfallen um die Tiere durch abwechslungsreiche Tagesabläufe zu beschäftigen und anzuregen. Auch die Gestaltung der Gehege mit Pflanzen Baumstämmen Felsen Badebecken oder verschiedenen Böden ist wichtig da dies zum Klettern Spielen oder Baden anregt.

B Schreiben Sie den korrigierten Text ab.

4 **Verbinden Sie die beiden Sätze sinnvoll. Achten Sie auch auf die Zeichensetzung.**

1 1844 wird der erste Zoo in Deutschland eröffnet. Er befindet sich in Berlin.

____

____

2 70 Jahre nach der Eröffnung lebten dort 3500 Tiere. Man hatte viele Sponsoren gefunden.

____

____

5 **Verbinden Sie die Sätze durch das Relativpronomen *die*. Welche Möglichkeiten gibt es?**

Viele Besucher lassen sich von den Tieren begeistern. Sie kommen aus aller Welt.

____

____

41 DAS ODER DASS?

GUT ZU WISSEN

Die Konjunktion ***dass*** leitet einen Nebensatz ein. Dies kommt sehr häufig vor und steht vor allem in Redewendungen wie:

Ich hoffe, ***dass*** *…* • *Ich meine,* ***dass*** *…* • *Wir glauben,* ***dass*** *…* • *Die Autorin ist der Meinung,* ***dass*** *…* • *Sie ist davon überzeugt,* ***dass*** *…* • *Ich denke,* ***dass*** *…*

Das kann ein Artikel oder Pronomen sein:

Ich schaue mir ***das*** *Profil an,* ***das*** *mir meine Freundin empfohlen hat.*

Als Pronomen bezieht es sich auf das vorausgehende Nomen.

1 Markieren Sie Verben, die zu dem Wortfeld *sagen* gehören. Arbeiten Sie zu zweit.

Die Wörter sind von links nach rechts und von oben nach unten versteckt. Umlaute sind mit zwei Buchstaben geschrieben.

V	E	R	M	U	T	E	N	G
U	P	E	P	B	N	L	R	L
Y	M	R	S	E	B	Z	K	A
Y	E	Z	J	R	E	A	E	U
R	I	A	I	I	D	W	H	B
S	N	E	T	C	A	P	R	E
F	E	H	K	H	U	X	N	N
A	N	L	K	T	E	E	E	M
U	P	E	E	E	R	F	V	C
Z	W	N	J	N	N	S	Y	E

2 Viele Jugendliche wollen Influencer oder Influencerin werden. Verbinden Sie die folgenden Sätze mit *das* oder *dass*.

1 Meine Freundin Marie hat mir das Profil einer Influencerin empfohlen. Es gefällt mir aber überhaupt nicht.

____

____

2 Ich bin mir sicher. Sie schaut es sich häufig an.

____

3 Die Influencerin macht Werbung für ein Produkt. Das Produkt ist überteuert.

____

____

3 **Finden Sie Synonyme für *sagen* und notieren Sie diese.**

____

____

4 **Diskutieren Sie, welche Bedeutung die Synonyme aus Aufgabe 3 haben.**

5 **Ergänzen Sie in den folgenden Sätzen *das* oder *dass*.**

1 Sie behauptet, ___________ ich immer recht haben will.

2 Aleyna versichert, ___________ sie ___________ auch so sieht.

3 Er missbilligt, ___________ ich so viel Zeit im Internet verbringe. ___________ gefällt ihm überhaupt nicht.

6 **Antworten Sie mit *dadurch dass*.**

1 Wie sichert sich die Influencerin die Aufmerksamkeit der Klatschpresse?

sich in Szene setzen • permanent

____

____

2 Wodurch ist sie erfolgreich?

mitbringen • Geduld und Ausdauer

____

____

3 Weshalb kann Josiah Wedgwood, ein englischer Unternehmer aus dem 18. Jahrhundert, als Wegbereiter der heutigen Influencer gesehen werden?

begeistern • das englische Königshaus für seine Produkte • gewinnen • als Fürsprecher

____

____

____

41 DAS ODER DASS?

1 **Lesen Sie noch einmal GUT ZU WISSEN auf Seite 140.**

2 **Bilden Sie mit den Wörtern aus dem Rätsel von Seite 140 Haupt- und Nebensätze zum Thema Influencer. Nutzen Sie *dass*. Markieren Sie die Kommas.**

Beispiel   Ich meine, dass ein Influencer viel von seinem Privatleben preisgeben muss.

3 **Ergänzen Sie *das* oder *dass*.**

Was man über Influencer wissen sollte

Wussten Sie, wie __________ [1] funktioniert? __________ [2] Marketing nutzt __________ [3] Vertrauensverhältnis aus, __________ [4] zwischen einem Influencer und seinem Publikum besteht. Wenn der geliebte Online-Star ein Produkt benutzt, so kommt es häufig vor, __________ [5] __________ [6] auch viele Kinder und Jugendliche möchten. Viele Jugendliche im Alter von 13 bis 20 Jahren geben an, __________ [7] soziale Medien ihre Meinung beeinflussen.

Der Bundesgerichtshof hat entschieden, __________ [8] kommerzielle Inhalte von Influencern als Werbung gekennzeichnet werden müssen. Kritisiert wird auch, __________ [9] __________ [10] wirkliche Leben der Influencer von dem, __________ [11] sie in den sozialen Netzwerken zeigen, abweicht. __________ [12] viele Beiträge oft eine unrealistische Welt darstellen, ist für jüngere Nutzerinnen und Nutzer häufig schwer zu durchschauen.

4 **Schreiben Sie über eine Influencerin oder einen Influencer, der oder dem Sie folgen. Bilden Sie dabei Sätze mit folgenden Satzanfängen:**

Ich habe gesehen, … • Ich habe recherchiert, … • Ich habe erfahren, … • Es gefällt mir (nicht), … • Ich finde es (nicht) gut, …

42 AUSSAGEN VON ANDEREN WIEDERGEBEN

GUT ZU WISSEN

Wenn Sie die **Aussage einer anderen Person wiedergeben,** müssen Sie dies **sprachlich verdeutlichen.** Man nennt das *indirekte Rede*.
Sie haben **zwei Möglichkeiten:**

1 Sie leiten Ihre Wiedergabe mit ***dass*** ein.
Beispiel: *Die Berufsberaterin sagt, dass es in diesem Bereich noch Ausbildungsplätze gibt.*

2 Sie benutzen den **Konjunktiv.**
Beispiel: *Die Berufsberaterin sagt, in diesem Bereich* ***gebe*** *es noch Ausbildungsplätze.*

Der Konjunktiv wird **mit dem Stamm des Verbs und der passenden Personalendung** gebildet.

mach/en *er/sie/es mach**e***
*sie mach**en***

Wenn die Form des Konjunktivs mit dem Präsens identisch ist, benutzt man meistens eine Form von *würden*: *sie* ***würden*** *machen*

Die Konjunktivformen von ***haben*** und ***sein*** kommen **häufig** vor.
er/sie/es habe *er/sie/es sei*

1 **Ergänzen Sie das Verb in der richtigen Form.**

Tarik zu Sven: Ich habe mich als Fachlagerist beworben.

Sven zu Ayla: Tarik sagt, dass er sich als Fachlagerist beworben ________.

Sven zu Dilek: Tarik sagt, er ________ sich als Fachlagerist beworben.

2 **Markieren Sie, was sich in Svens Sätzen durch die indirekte Rede verändert.**

3 **Notieren Sie, welche Wortart sich verändert.** ________________________________

4 **Geben Sie die folgenden Aussagen von Tarik in der indirekten Rede wieder. Wählen Sie eine Möglichkeit.**

1 „Während der Ausbildung lernt man die Prozesse in der Logistik kennen.“
Tarik sagt,

____

____

2 „Manchmal arbeitet man auch mit gefährlichen Gütern.“

____

3 „Lieferungen sind auf Vollständigkeit zu prüfen.“

____

5 **A Lesen Sie den Text.**

Tariks Praktikum

Tarik hat bereits ein Praktikum in diesem Bereich gemacht. Dazu hat ihm seine Berufsberaterin geraten.

Sein Praktikumsanleiter zeigte ihm vieles. „Das Lager befindet sich dort“, sagte er und deutete auf einen großen Bereich des Betriebs. „Hier wird die Ware angenommen und dort wird sie gelagert. Mit einer entsprechenden Software behalten die Mitarbeiter den Überblick. So fällt es ihnen auch leicht, Lieferungen für andere Abteilungen im Betrieb oder für den Versand zusammenzustellen.“

B Notieren Sie, woran man erkennt, was gesagt wird. ______________________

C Markieren Sie die direkte Rede im Text.

D Notieren Sie in der indirekten Rede, was der Praktikumsanleiter sagt. Verwenden Sie jeweils einen *dass*-Satz und einen Satz im Konjunktiv.

Beispiel: Tariks Praktikumsanleiter sagt, dass sich das Lager dort befindet.
Oder: Tariks Praktikumsanleiter sagt, das Lager befinde sich dort.

6 **Setzen Sie die folgenden Sätze aus Tariks Bericht in die indirekte Rede.**

„Ich muss bei der Arbeit im Lager Sicherheitsschuhe tragen.“

____

____

„Der Betrieb stellt mir diese zur Verfügung.“

____

____

„Meine Sprachkenntnisse helfen mir in dem internationalen Betrieb.“

____

____

„Viele meiner Kollegen sprechen zwei Sprachen.“

____

____

42 AUSSAGEN VON ANDEREN WIEDERGEBEN

1 **Lesen Sie noch einmal GUT ZU WISSEN auf Seite 143.**

2 **Ersetzen Sie in den folgenden Sätzen *sagen* durch andere passende Verben.**

1 Tarik sagt: „Die Zusammenarbeit mit meinen Kollegen klappt gut.“ (sagt → ____________________)

2 „Heute habe ich mit ihnen einen Lkw entladen“, sagt er. (sagt → ____________________)

3 Er sagt: „Am Wochenende bin ich bei einem Kollegen eingeladen. Er feiert seinen Geburtstag.“

(sagt → ____________________)

3 **Wandeln Sie Tariks Aussagen aus Aufgabe 2 in die indirekte Rede um.**

1 ____

____

2 ____

3 ____

____

4 **A Unterstreichen Sie die Sätze in der direkten Rede und indirekten Rede in verschiedenen Farben.**

Brand in Lagerhalle gelöscht

In den frühen Morgenstunden wurde der Brand einer Lagerhalle im Mannheimer Hafenviertel von einem Nachbarn entdeckt. „Ich habe sofort die Feuerwehr und die Polizei angerufen“, so Frank N. zu unserer Zeitung. „Nach wenigen Minuten sind die Löschfahrzeuge angerückt.“ Und die Feuerwehrleute leisteten ganze Arbeit. Niemand sei verletzt worden, sagte der Polizeisprecher. Den finanziellen Schaden könne man allerdings noch nicht abschätzen. Die Brandursache sei noch unklar.

B Wandeln Sie die direkte Rede in die indirekte Rede und die indirekte Rede in die direkte Rede um.

C Was könnte der Polizeisprecher noch gesagt haben? Ergänzen Sie weitere Sätze in der indirekten Rede.

43 SCHWIERIGE WÖRTER TRAINIEREN

GUT ZU WISSEN

Fehler in der Rechtschreibung sind peinlich: im beruflichen Bereich, im Alltag und im Privaten. Hier hilft nur eines: **trainieren, trainieren, trainieren.**

Auf der Umschlaginnenseite dieses Arbeitshefts finden Sie wichtige Rechtschreibstrategien, die Sie dabei unterstützen. Nutzen Sie diese!

Das hilft Ihnen bei den folgenden Aufgaben und es wird Ihnen auch bei allen übrigen Aufgaben helfen, bei denen Sie schriftlich formulieren müssen.

1 **Lesen Sie noch einmal die Rechtschreibstrategien und -regeln in der Umschlaginnenseite Ihres Arbeitsheftes.**

2 **Tragen Sie die Wörter in der korrekten Schreibweise in die entsprechende Spalte der Tabelle ein. Machen Sie sich bewusst, welche Rechtschreibstrategie Ihnen hilft.**

ä oder e? äu oder eu?	**ä/äu**	**e/eu**
das Geb**?**de • kr**?**ftig • die **?**le • gr**?**lich • **?**rgerlich • die S**?**re • **?**ßerlich • minderw**?**rtig • aufw**?**rts • **?**hrlich • die F**?**hre • abw**?**gen		
r oder rr?	**r**	**rr**
die He**?**en • he**?**aus • der Ve**?**at • he**?**ein • das Geschi**?** • der Sta**?** • der I**?**tum • sta**?** • die Wa**?**e • die Schnu**?** • die Vo**?**aussetzung • stö**?**isch		

d oder t?	d	t
bekann**?** • der En**?**wurf • das Gerä**?** • der Ran**?** • der Spin**?** • der Befun**?** • en**?**lich • en**?**schuldigen • mil**?** • wüten**?** • dich**?** • dringen**?**		
tz oder z?	**tz**	**z**
die Är**?**tin • das Her**?** • tro**?**dem • der Kran**?** • stür**?**en • plö**?**lich • einpflan**?**en • die Schnau**?**e • abwäl**?**en • die Schwei**?** • der Wi**?** • die Hei**?**ung		
k oder ck?	**k**	**ck**
das Pa**?**et • versi**?**ern • der Ha**?**en • der Ma**?**ler • das La**?**muspapier • der Dru**?**knopf • zwin**?**ern • zwi**?**en • der Archite**?**t • dire**?**t • schau**?**eln • die Wer**?**statt		

3 Überprüfen Sie, ob die Wörter richtig geschrieben sind. Arbeiten Sie zu zweit.

4 Diktieren Sie sich gegenseitig Wörter aus dieser Liste.

43 SCHWIERIGE WÖRTER TRAINIEREN

1 **Lesen Sie noch einmal GUT ZU WISSEN auf Seite 146.**

2 **Tragen Sie die Wörter in der korrekten Schreibweise in die jeweilige Spalte ein.**

ä oder e? äu oder eu?	**ä/äu**	**e/eu**
abs**?**gen • **?**chzen • allm**?**hlich • verh**?**ltnism**?**ßig • abw**?**gig • die Maßb**?**nder • sich str**?**ben • seitw**?**rts		
r oder rr?	**r**	**rr**
die He**?**ausforderung • he**?**lich • he**?**unter • der Sta**?** • der I**?**tum • sta**?** • a**?**ogant		
d oder t?	**d**	**t**
das Schil**?** • der Gra**?** • das Gra**?** • die Gra**?**wanderung • en**?**gültig • der Standar**?** • eigen**?**lich • das Fließban**?**		
tz oder z?	**tz**	**z**
das Du**?**end • du**?**en • der Spa**?** • her**?**lich • spa**?**ieren • die Bre**?**el • win**?**ig		

k oder ck?	k	ck
das Pä?chen • das Pi?ni? • der Ke?s • die Har?e • der Spu? • der Ma?el • la?ieren • das La?en		

wieder oder wider?	wieder	wider
der W?derstand • w?dersprechen • w?derholen • w?derwärtig • erw?dern • unw?derruflich • der W?deranpfiff • w?derlich • auf W?dersehen		

uhr oder ur?	uhr	ur
?alt • der ?großvater • der ?zeiger • die Stand? • ?sprünglich • die ?zeit • die ?zeit • ?bar		

3 **Überprüfen Sie, ob die Wörter richtig geschrieben sind. Arbeiten Sie zu zweit.**

4 **Ergänzen Sie in der Tabelle gegebenenfalls Wörter aus der gleichen Wortfamilie, um sich die Schreibweise besser einzuprägen.**

Beispiel absägen: die Säge, das Sägewerk, zersägen

5 **Diktieren Sie sich gegenseitig Wörter aus der Tabelle.**

6 **Schreiben Sie schwierige Wörter auf Vokabelkärtchen und trainieren Sie so regelmäßig ihre Schreibweise.**

GRAMMATIK UND RECHTSCHREIBUNG: ALLES KLAR?

1 **Finden Sie die Lösung. Umlaute sind mit zwei Buchstaben geschrieben. Die Buchstaben in den blauen Zahlfeldern ergeben den Lösungssatz.**

1 Wortart, die man kleinschreibt
2 Komma steht bei ...
3 Konjunktiv von *sie sind*: *sie* ...
4 Das Verb steht im Nebensatz an ... Stelle.
5 Er hat sich ... (bewerben).
6 Hier steht das Verb an zweiter Stelle.
7 Wo findet man die richtige Schreibweise?
8 Wie heißt die Zeitform im Satz *Ich hatte trainiert*?

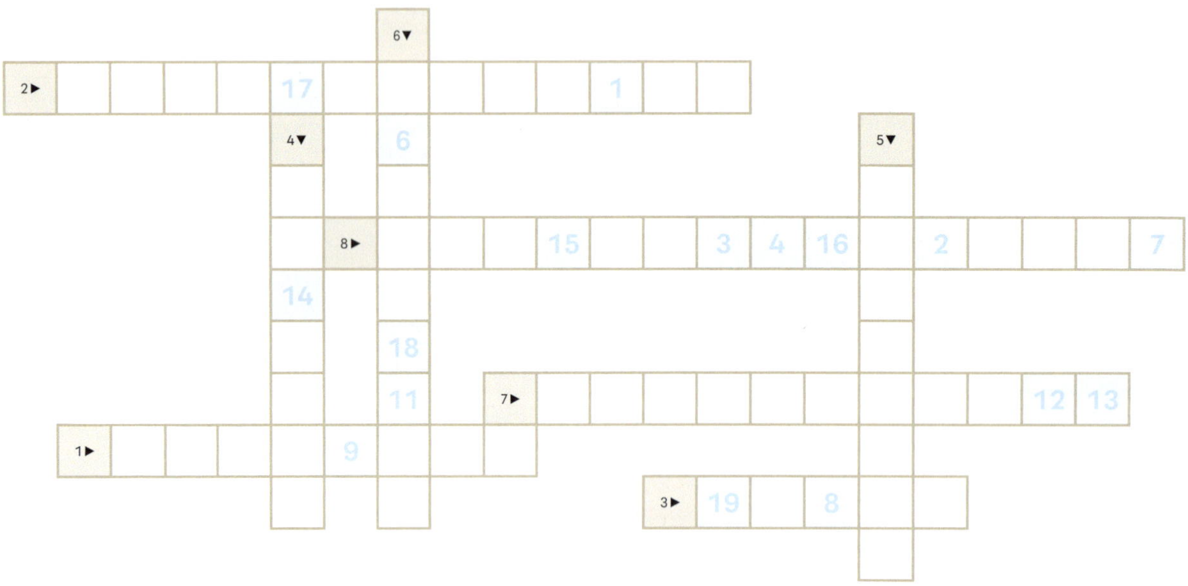

1	2	3	4	5	6	7	8	9
				M				

10	11	12	13	14
M				

15	16	17	18	19	
					!

Schätzen Sie sich ein, wenn Sie die Seiten bearbeitet haben.

			Das kann ich gut	Das kann ich	Das kann ich teilweise	Das trainiere ich noch einmal
Grundwissen Grammatik	**35**	Wortarten kennen				
	36	Groß- oder kleinschreiben				
	37	Zeiten kennen und verwenden				
	38	Das Verb regiert den Satz				
Richtig schreiben	**39**	Haupt- und Nebensätze verbinden				
	40	Kommas richtig setzen				
	41	Das oder dass?				
	42	Aussage von anderen wiedergeben				
	43	Schwierige Wörter trainieren				

SICH BEWERBEN: LOS!

Wissen Sie schon, was Sie werden wollen?

Haben Sie schon einen Ausbildungsplatz?

Wissen Sie schon, was Sie nach der Schule machen wollen?

Hatten Sie schon mal eine Einladung zu einem Vorstellungsgespräch?

Haben Sie schon Bewerbungen geschrieben?

Es ist nicht einfach, sich für einen Beruf zu entscheiden und den passenden Ausbildungsplatz zu finden, aber es ist wegweisend für Ihre Zukunft.

1 Sind Ihnen alle 10 Ausbildungsberufe bekannt? Tauschen Sie sich aus.

TOP 10 der Ausbildungsberufe 2021

1 Kraftfahrzeugmechatroniker – Kraftfahrzeugmechatronikerin
2 Kaufmann für Büromanagement – Kauffrau für Büromanagement
3 Kaufmann im Einzelhandel – Kauffrau im Einzelhandel
4 Fachinformatiker – Fachinformatikerin
5 Medizinischer Fachangestellter – Medizinische Fachangestellte
6 Industriekaufmann – Industriekauffrau
7 Anlagenmechaniker für Sanitär-, Heizungs- und Klimatechnik – Anlagenmechanikerin für Sanitär-, Heizungs- und Klimatechnik
8 Industriemechaniker – Industriemechanikerin
9 Verkäufer – Verkäuferin
10 Zahnmedizinischer Fachangestellter – Zahnmedizinische Fachangestellte

2 Tauschen Sie sich über Ihre ersten Erfahrungen in der Arbeitswelt aus.

Mit diesen Inhalten beschäftigen Sie sich auf den folgenden Seiten.

Tragen Sie das Datum ein, wenn Sie die Seiten bearbeitet haben. ○

Mein Wunschberuf	**44**	Meine Interessen und Stärken	
	45	Sich und andere einschätzen	
Meine Bewerbung	**46**	Stellenanzeigen lesen und auswerten	
	47	Die telefonische Bewerbung	
	48	Die schriftliche Bewerbung	
	49	Die Online-Bewerbung	
	50	Das Vorstellungsgespräch	

Schätzen Sie Ihre Kompetenzen auf Seite 175 ein.

44 MEINE INTERESSEN UND STÄRKEN

GUT ZU WISSEN

Was ist der Unterschied zwischen Interessen und Stärken?
Interessen sind all die Dinge, die Sie gern machen: Ihre Neigungen und Vorlieben, Ihre Hobbys, Leidenschaften und „Steckenpferde". Es sind die **Beschäftigungen**, zu denen Sie **Lust** haben.
Stärken sind Ihre besonderen **Begabungen** und **Fähigkeiten auf einem bestimmten Gebiet,** durch die Sie in der Lage sind, sehr gute Leistungen zu erbringen. Das können auch **soziale** und **personale Kompetenzen** sein, also die **Fähigkeit,** mit anderen **Menschen umzugehen** und das **eigene Leben** zu **gestalten.**
Jeder Mensch bringt unterschiedliche persönliche Stärken mit.

1 **Haben Sie schon mal überlegt, dass sich hinter Ihrer Freizeitbeschäftigung ein berufliches Interesse verbergen könnte? Ordnen Sie zu.**

Planen und Organisieren • ~~Zubereiten und Kochen~~ • Pflegen, Helfen und Erziehen • Bedienen und Verkaufen • Montieren und Reparieren • Fotografieren und Gestalten • Dokumentieren und Verwalten

Freizeitbeschäftigung	Berufliches Interesse
Kerim backt gern Kuchen und probiert neue Rezepte aus.	*Zubereiten und Kochen*
Marie verkauft gern ihre Kleidung, die sie nicht mehr anzieht, auf dem Flohmarkt. Sie berät gern die Kunden.	
Büsra kümmert sich gern um die Organisation von Partys.	
Lukas geht in seiner Freizeit gern für seine Nachbarin einkaufen.	
Hussein repariert gern Dinge wie Fahrräder oder kleinere Maschinen.	
Lisa hat alle Dokumente immer ordentlich abgelegt und erstellt gern neue Ordner auf ihrem Tablet.	
Kevin fotografiert gerne auf Hochzeiten und gestaltet Fotobücher.	

2 **Tauschen Sie sich über Ihre persönlichen Freizeitbeschäftigungen aus und leiten Sie mögliche berufliche Interessen ab. Arbeiten Sie mit einer Tabelle wie in Aufgabe 1.**

3 **Hier sind die Silben ausgewählter Kompetenzen durcheinandergeraten. Setzen Sie die Silben zu dem richtigen Nomen zusammen. Ergänzen Sie außerdem den Artikel.**

1 keit – Be – bar – last *die Belastbarkeit*

2 mö – ver – lungs – Ein – füh – gen ______

3 be – schaft – reit – Hilfs ______

4 fä – keit – hig – tik – Kri ______

5 fä – keit – Team – hig ______

6 falt – Sorg ______

7 be – wor – ant – Ver – tungs – sein – wusst ______

8 tät – Krea – vi – ti ______

4 **Ordnen Sie die in Aufgabe 3 genannten Kompetenzen ihren Beschreibungen zu.**

Beschreibung	Kompetenz
Ich kann gut damit umgehen, wenn mich jemand auf meine Fehler aufmerksam macht.	*die Kritikfähigkeit*
Ich arbeite gern mit anderen Menschen zusammen.	
Ich meistere schwere Aufgaben.	
Ich bin ordentlich.	
Auf mich ist Verlass!	
Ich helfe gern anderen Menschen.	
Ich spüre es, wenn jemand traurig ist.	
Ich probiere gern Neues aus.	

5 **Welche sozialen und personalen Kompetenzen haben Sie? Wählen Sie zwei Kompetenzen aus Aufgabe 4 aus und notieren Sie jeweils Beispiele dazu.**

Meine Stärken	Beispiel

45 SICH UND ANDERE EINSCHÄTZEN

GUT ZU WISSEN

Für **Bewerbungen** und **Vorstellungsgespräche** ist es wichtig zu wissen, welche **Stärken in einem Beruf** nötig sind. Um herauszufinden, ob der Beruf zu Ihnen passt, sollten Sie wissen, welche Stärken Sie mitbringen und welche Fähigkeiten Sie sich noch aneignen müssen.
Es gibt verschiedene Möglichkeiten, die Ihnen helfen, Ihr **persönliches Stärkenprofil** zu erstellen. Sie können online bei unterschiedlichen Anbietern **Tests** durchführen oder an praktischen **Kompetenzfeststellungsverfahren,** die bei Ihnen an der Schule durchgeführt werden, teilnehmen.
Ein **schriftlicher Test** zum Stärkenprofil eignet sich gut, um herauszufinden, wie Sie sich selbst einschätzen. Außerdem können Sie sich von anderen Personen einschätzen lassen und hinterher prüfen: Stimmt die **Fremdwahrnehmung** mit der **eigenen Wahrnehmung** überein?

1 **Machen Sie den Test! Kreisen Sie die Punkte ein, die auf Sie zutreffen. Bitte beachten Sie, dass es hierbei nicht um gut oder schlecht geht.**

Stärkenprofil

0 = das kann ich gar nicht
1 = das kann ich ein bisschen
2 = das kann ich gut
3 = hier bin ich Profi

Nr.	Beschreibung	Punkte	Persönliche Stärken
1	Ich kann gut damit umgehen, wenn mich jemand auf meine Fehler aufmerksam macht.	0 – 1 – 2 – 3	Kritikfähigkeit
2	Ich arbeite gern mit anderen Menschen zusammen.	0 – 1 – 2 – 3	Teamfähigkeit
3	Ich erledige Aufgaben pünktlich und halte Termine ein.	0 – 1 – 2 – 3	Zuverlässigkeit
4	Ich arbeite ordentlich und gehe mit Sachen angemessen um.	0 – 1 – 2 – 3	Sorgfalt
5	Ich helfe gern anderen Menschen.	0 – 1 – 2 – 3	Hilfsbereitschaft
6	Ich repariere gern Sachen und arbeite mit den Händen.	0 – 1 – 2 – 3	Handwerkliches Geschick
7	Ich erkenne, wie Maschinen arbeiten.	0 – 1 – 2 – 3	Technisches Verständnis
8	Ich sehe schnell, was zu tun ist, und versuche, die Aufgaben ohne Hilfe zu lösen.	0 – 1 – 2 – 3	Selbstständigkeit

Nr.	Beschreibung	Punkte	Persönliche Stärken
9	Ich probiere gern Neues aus.	0 – 1 – 2 – 3	Kreativität
10	Ich kann mich gut ausdrücken und gut zuhören.	0 – 1 – 2 – 3	Kommunikationsfähigkeit
11	Ich plane gern (z. B. Feste) und überlege, was zu tun ist.	0 – 1 – 2 – 3	Organisationsfähigkeit
12	Ich bleibe auch in schwierigen Situationen ruhig.	0 – 1 – 2 – 3	Geistige Belastbarkeit
13	Ich kann gut körperlich arbeiten und schwere Sachen tragen.	0 – 1 – 2 – 3	Körperliche Belastbarkeit
14	Ich halte Absprachen ein, denn auf mich ist Verlass.	0 – 1 – 2 – 3	Verantwortungsbewusstsein
15	Ich spüre es, wenn jemand traurig ist.	0 – 1 – 2 – 3	Einfühlungsvermögen

2 **Notieren Sie die persönlichen Stärken, die in Ihrem Stärkenprofil die meisten Punkte von Ihnen bekommen haben.**

Meine Stärken

3 **Notieren Sie, in welchen Bereichen Sie sich noch verbessern wollen.**

Das muss ich noch üben

45 SICH UND ANDERE EINSCHÄTZEN

4 **Jetzt geht es darum, wie Sie von anderen wahrgenommen werden. Bilden Sie Paare und machen Sie jeweils den Test für Ihre Partner / Ihre Partner. (Test für ....)**

Nr.	Beschreibung	Punkte	Persönliche Stärken
1	Ich kann gut damit umgehen, wenn mich jemand auf meine Fehler aufmerksam macht.	0 – 1 – 2 – 3	Kritikfähigkeit
2	Ich arbeite gern mit anderen Menschen zusammen.	0 – 1 – 2 – 3	Teamfähigkeit
3	Ich erledige Aufgaben pünktlich und halte Termine ein.	0 – 1 – 2 – 3	Zuverlässigkeit
4	Ich arbeite ordentlich und gehe mit Sachen angemessen um.	0 – 1 – 2 – 3	Sorgfalt
5	Ich helfe gern anderen Menschen.	0 – 1 – 2 – 3	Hilfsbereitschaft
6	Ich repariere gern Sachen und arbeite mit den Händen.	0 – 1 – 2 – 3	Handwerkliches Geschick
7	Ich erkenne, wie Maschinen arbeiten.	0 – 1 – 2 – 3	Technisches Verständnis
8	Ich sehe schnell, was zu tun ist, und versuche, die Aufgaben ohne Hilfe zu lösen.	0 – 1 – 2 – 3	Selbstständigkeit
9	Ich probiere gern Neues aus.	0 – 1 – 2 – 3	Kreativität
10	Ich kann mich gut ausdrücken und zuhören.	0 – 1 – 2 – 3	Kommunikationsfähigkeit
11	Ich plane gern (z. B. Feste) und überlege, was zu tun ist.	0 – 1 – 2 – 3	Organisationsfähigkeit
12	Ich bleibe auch in schwierigen Situationen ruhig.	0 – 1 – 2 – 3	Geistige Belastbarkeit
13	Ich kann gut körperlich arbeiten und schwere Sachen tragen.	0 – 1 – 2 – 3	Körperliche Belastbarkeit
14	Ich halte Absprachen ein, denn auf mich ist Verlass.	0 – 1 – 2 – 3	Verantwortungs-bewusstsein
15	Ich spüre es, wenn jemand traurig ist.	0 – 1 – 2 – 3	Einfühlungsvermögen

5 **Füllen Sie die Tabelle für Ihre Partnerin / Ihren Partner aus.**

Vorhandende Stärken	Das sollte noch geübt werden

6 **Vergleichen Sie nun die Testergebnisse. Wie schätzen Sie sich selbst ein und wie werden Sie eingeschätzt? Diskutieren Sie die Gemeinsamkeiten und Unterschiede.**

GUT ZU WISSEN

Mit einer **Stellenanzeige** sucht ein Betrieb neue Bewerber und Bewerberinnen. Egal ob es sich um ein **Ausbildungsplatzangebot,** einen **Minijob** oder eine **Vollzeitarbeitsstelle** handelt, eine Stellenanzeige ist immer gleich aufgebaut.
Der Betrieb **benennt und beschreibt die Stelle,** die besetzt werden soll. Außerdem steht in der Stellenanzeige, **wann** die Stelle zu besetzen ist und wie das **Anforderungsprofil** aussieht, also welche **Qualifikationen** und **Fähigkeiten** Voraussetzung sind, um sich zu bewerben. Der Betrieb stellt seine **Leistungen** dar und am Ende stehen die **Kontaktdaten,** wie Adresse, Ansprechpartner etc., an die die **Bewerbungsunterlagen** geschickt werden sollen.

1 Wo sind Stellenanzeigen überall zu finden? Sammeln Sie in der Klasse.

______________ ______________ ______________

______________ ______________

2 Lesen Sie die Stellenanzeige 1. Verbinden Sie die Fragen mit den richtigen Aussagen in der Stellenanzeige.

Stellenanzeige 1

Wir suchen zum 1.9.20xx einen Auszubildenden / eine Auszubildende als Verkäufer/-in für unseren Biomarkt Natur in Osnabrück.

Das erwarten wir:
- Interesse an unseren Produkten
- einen guten Hauptschulabschluss
- Freude am Ein- und Ausräumen von Waren und an der Beratung von Kunden
- kaufmännisches Denken
- Kommunikationsfähigkeit und Kontaktbereitschaft
- Teamgeist und Belastbarkeit

Das bieten wir:
- einen Ausbildungsplatz in einem innovativen Biomarkt
- die Möglichkeit der Weiterbeschäftigung nach Bestehen der Ausbildung

Die vollständigen Bewerbungsunterlagen richten Sie bitte an:
Biomarkt Natur, Herrn Reinhold, Brücker Str. 47, 36789 Osnabrück

Wir freuen uns auf Ihre Bewerbung!

Wann beginnt die Ausbildung?

Um welchen Ausbildungsberuf handelt es sich?

Wohin soll die Bewerbung geschickt werden?

Was bietet der Betrieb?

Welche Anforderungen werden gestellt?

3 Lesen Sie die Stellenanzeigen 2 und 3.

Stellenanzeige 2

Sie möchten als Fachkraft im Gastgewerbe arbeiten?

Wir, die Kurklinik Bad Meeresbergen, bieten einen Ausbildungsplatz zum 01.08. als Fachkraft im Gastgewerbe an. Sie arbeiten gern in der Küche oder am Büfett? Sie dekorieren gern Speisen oder Räume und bereiten gern einfache Gerichte zu? Dann sind Sie bei uns genau richtig. Es erwartet Sie ein dynamisches und freundliches Team in einer modernen Kurklinik.

Wenn Sie einen Hauptschulabschluss mitbringen, kontaktfreudig sind und gern im Team arbeiten, gut rechnen und organisieren können und darüber hinaus noch belastbar sind und auch am Wochenende arbeiten möchten, dann schicken Sie Ihre Bewerbung bitte an:

Kurklinik Bad Meeresbergen

Frau Anya Schicker, Meeresberger Landstr. 87, 37522 Bad Meeresbergen

Stellenanzeige 3

Wir, die Autolackiererei Schmucke, suchen einen Auszubildenden / eine Auszubildende ab August als Fahrzeuglackierer/Fahrzeuglackiererin.

Zu den Aufgaben gehören das Beurteilen und Beheben von Lackschäden. Außerdem gestaltest und beschichtest du Fahrzeuge mit Lacken. Du hast Interesse an einer modernen computergesteuerten Lackierstraße? Du bringst mindestens einen Hauptschulabschluss, gute Noten in Mathe und Technik mit? Du bist kreativ, sorgfältig und geschickt? Dann bist du bei uns richtig! Wir freuen uns auf deine Bewerbung!

Bitte schicke deine schriftlichen Unterlagen an:

Autolackiererei Schmucke
Frau Schmucke
Becker Landstr. 67
65422 Berghausen

4 Analysieren Sie die Stellenanzeigen 1, 2 und 3.

	Stellenanzeige 1	Stellenanzeige 2	Stellenanzeige 3
Beruf			
Ab wann			
Anforderungen			
Tätigkeiten			
Benefits			
Kontaktdaten			

5 **Welcher Ausbildungsplatz passt zu welcher Bewerberin / zu welchem Bewerber? Lesen Sie noch einmal die Stellenanzeigen 1, 2 und 3. Begründen Sie Ihre Entscheidungen.**

Sara ist 18 Jahre und macht in diesem Jahr ihren Hauptschulabschluss. Mit ihren Freundinnen probiert sie oft neue Rezepte aus. Sie ist kontaktfreudig und arbeitet gern im Team. Ihr Vater hat ein Restaurant, in dem sie schon öfter geholfen hat.

Ausbildungsplatz: ______________________

____

Begründung: ______________________

____

Michelle ist 16 Jahre, hat ihren Hauptschulabschluss erhalten und interessiert sich schon immer für Autos. Ihre Lieblingsfächer sind Mathematik und Kunst. Sie ist kreativ und in ihrer Freizeit sprüht sie gern Graffitis. Sie spart auf den Führerschein.

Ausbildungsplatz: ______________________

____

Begründung: ______________________

____

Simon ist 17 Jahre und macht in diesem Jahr seinen Hauptschulabschluss. Deutsch und Mathe mag er nicht so gern, er ist kontaktfreudig und zu Hause kocht er gern mit Freunden gesundes Essen. Er hat ein Praktikum im Supermarkt absolviert, das ihm gut gefallen hat.

Ausbildungsplatz 1: ______________________

____

Begründung: ______________________

____

Ausbildungsplatz 2: ______________________

____

Begründung: ______________________

____

Achmed ist 17 Jahre und hat einen guten Hauptschulabschluss. Er ist kontaktfreudig und kommt schnell mit Menschen ins Gespräch. Für Autos interessiert er sich schon immer und möchte gern Automobilverkäufer werden. Den „Führerschein auf Probe“ hat er schon.

Ausbildungsplatz: ______________________

____

Begründung: ______________________

____

6 **Recherchieren Sie im Internet nach Internetportalen, die offene Ausbildungsplätze anbieten. Notieren Sie mindestens drei Adressen.**

Portal 1: ______________________________

Portal 2: ______________________________

Portal 3: ______________________________

7 **Arbeiten Sie zu zweit. Vergleichen Sie die Internetportale. Einigen Sie sich auf ein Portal und suchen Sie gemeinsam eine interessante Stellenanzeige.**

Portal: ______________________________

Stellenanzeige: ______________________________

8 **Ergänzen Sie die Tabelle zu dieser Stellenanzeige.**

	Stellenanzeige
Beruf	
Ab wann	
Anforderungen	
Tätigkeiten	
Benefits	
Kontaktdaten	

9 **Stellen Sie anschließend Ihre Ergebnisse in der Klasse vor.**

10 **Entwickeln Sie zu zweit eine eigene Stellenanzeige für einen Ausbildungsberuf Ihrer Wahl. Achten Sie darauf, dass alle wichtigen Informationen (siehe Tabelle, Aufgabe 8) vorhanden sind.**

11 **Präsentieren Sie Ihre Ergebnisse in der Klasse. Diskutieren Sie, auf welche Stellenanzeige Sie sich bewerben würden.**

47 DIE TELEFONISCHE BEWERBUNG

GUT ZU WISSEN

Egal, ob Sie sich um einen **Praktikumsplatz,** einen **Ausbildungsplatz** oder einen **Minijob** bemühen – nur mit einer guten **Bewerbung** werden Sie erfolgreich sein. Mit der Bewerbung stellen Sie sich vor, Sie **werben** für sich selbst! Sie **erklären** und **begründen**, warum Sie die **richtige Person für die Stelle** sind. Sie grenzen sich von anderen ab und stellen heraus, dass Sie besonders gut geeignet sind.
Eine Bewerbung kann je nach Stelle **telefonisch, schriftlich** oder **online** erfolgen.
Mit der **telefonischen Bewerbung** vermitteln Sie oft schon einen **ersten Eindruck.** Beim Telefonat ist es deshalb wichtig, dass Sie **gut vorbereitet** sind und genau wissen, was Sie von Ihrem Gesprächspartner wissen möchten. Sie sollten aber auch gut gewappnet sein, wenn er oder sie etwas von Ihnen wissen möchte.

1 Wann bewerben Sie sich telefonisch, schriftlich oder online?

2 Hören oder lesen Sie den Text.

Nicos Praktikumsplatzsuche: das Telefongespräch

Nico ist spät dran. Bereits in zwei Wochen beginnt sein schulisches Betriebspraktikum und er hat sich bisher um nichts gekümmert. Jetzt passt es gut, weil er heute nur fünf Stunden hat. Sein Onkel hat ihm eine Telefonnummer von einem Altenpflegeheim gegeben.
Da ruft er jetzt gleich mal an. Er muss ja sowieso gerade auf den Bus warten. Die Nummer hat er im Telefon gespeichert. „Ist zwar ein bisschen laut hier, aber wird schon gehen", denkt er sich.
„Hallo, ich bin auf der Suche nach einem Praktikumsplatz. Haben Sie einen?", fragt er die Dame am anderen Ende der Leitung, deren Namen er leider nicht verstanden hat.
„Mit wem spreche ich bitte? Ich verstehe Sie nur schlecht, es ist sehr laut bei Ihnen!", sagt die Dame.
„Ich bin Nico. Ich bin auf der Suche nach einem Praktikumsplatz. Haben Sie einen?"
„Leider habe ich gerade kaum Zeit. Es ist Essenszeit. Ja, wir nehmen Schulpraktikanten. Wann müssen Sie das Praktikum denn machen?", fragt die Dame.
„Äh, weiß nicht genau, das habe ich mir irgendwo aufgeschrieben. Moment, bitte!" Er fängt an, in seinem Rucksack zu kramen, und findet schließlich den Zettel mit den Praktikumsdaten.
„Vom 19.02. bis 09.03.", antwortet er.
Die Dame wirkt ungeduldig. „Ja, das ginge. Da haben wir noch keinen Praktikanten hier in der Küche."
„Oh nee, in die Küche will ich aber überhaupt gar nicht. Wollte eigentlich in den pflegerischen Bereich", sagt Nico leicht genervt.
„Warum sagen Sie das denn nicht gleich?", erwidert die Dame. „Dafür ist Frau Meyer zuständig. Die ist gerade im Urlaub. Schicken Sie ihr doch einfach Ihre Bewerbungsunterlagen. Auf Wiedersehen."
„Vielen Dank auch", sagt Nico gereizt.
„Na, toll. Das hat ja mal wieder *super* geklappt", denkt sich Nico. Trotzdem wird er die Unterlagen fertig machen. „Aber wie hieß diese Frau doch gleich? Mist, hätte ich doch nur mitgeschrieben."

3 **Markieren Sie im Text auf Seite 161, wo Nico sich falsch verhalten hat und etwas verbessern sollte.**

4 **Vergleichen Sie Ihre Markierungen.**

5 **Erarbeiten Sie Tipps, damit Ihr Telefonat besser verläuft als das von Nico. Arbeiten Sie zu zweit.**

	Tipps
Worauf muss ich **vor** dem Telefonat achten?	Ich informiere mich über den Praktikumsbetrieb und weiß, in welcher Abteilung ich ein Praktikum machen möchte. Ich lege mir ___ Ich ___ Ich ___
Wie beginne ich das Telefonat?	„Guten Tag, ___ ___ ___
Was frage ich meinen Gesprächs-partner?	„Wie war noch mal Ihr Name?" ___ Ich notiere mir den Namen meines Gesprächspartners. „Haben Sie ___ „Welche Abteilungen ___ „An wen ___
Was sage ich am Ende des Telefonats?	„Vielen Dank für ___ „Ich ___
Wie sollte ich mich im Telefongespräch verhalten?	Ich vermeide die Umgangssprache und drücke mich richtig aus. Ich bin ___ Ich spreche ___

6 **Arbeiten Sie zu zweit. Einigen Sie sich auf einen Betrieb, in dem Sie gern ein Praktikum absolvieren würden. Formulieren Sie ein Telefongespräch mithilfe der Tipps von Seite 162.**

7 **Üben Sie den Dialog und präsentieren Sie ihn in der Klasse.**

8 **Markieren Sie die 10 wichtigsten Tipps zur telefonischen Kontaktaufnahme.**

- B Ich bedanke mich für das Gespräch.
- M Ich habe es eilig und keine Zeit zum Telefonieren.
- L Ich kenne den Praktikumszeitraum.
- G Ich weiß, wie der Betrieb heißt.
- U Ich drücke mich richtig aus und verwende keine Umgangssprache.
- A Ich informiere mich über den Betrieb.
- D Ich notiere mir den Namen meines Gesprächspartners.
- E Ich suche nach dem Praktikumszeitraum.
- U Ich lege mir Zettel und Stift bereit.
- P Ich beende das Gespräch und lege schnell auf.
- S Ich spreche langsam und deutlich.
- N Ich weiß, in welcher Abteilung ich das Praktikum machen möchte.
- W Ich vergesse, nach dem Namen meines Gesprächspartners zu fragen.
- I Ich habe Zeit und Ruhe zum Telefonieren.

Lösungswort aus den Buchstaben der 10 Tipps: ______________________

48 DIE SCHRIFTLICHE BEWERBUNG

GUT ZU WISSEN

Die **schriftliche Bewerbung** ist eine **Werbung** in eigener Sache. Zur vollständigen schriftlichen Bewerbung gehören ein **Deckblatt,** ein **Anschreiben,** ein **tabellarischer Lebenslauf,** ein **Foto** und sämtliche **Zeugnisse** sowie andere **Bescheinigungen,** beispielsweise Beurteilungen von Praktika in Betrieben. In den Unterlagen dürfen **keine Rechtschreibfehler** zu finden sein. Alles muss **ordentlich** aussehen, damit Sie einen positiven Eindruck hinterlassen und zu einem Vorstellungsgespräch eingeladen werden.
Das **Anschreiben** muss überzeugend formuliert sein und neugierig machen. Sie beziehen sich dabei auf eine Stellenanzeige. Mit dem **Lebenslauf** stellen Sie sich vor, indem Sie Ihre **persönlichen Daten,** die **Schulbildung,** aber auch **Erfahrungen** und **Kenntnisse** darstellen. Das **Deckblatt** ist der Blickfang der Bewerbung, denn es liegt obenauf. Auf dem Deckblatt wird zwar nur der Ausbildungsberuf, Ihr Name und Ihre Adresse genannt sowie ein **Foto** von Ihnen platziert, aber es spielt eine entscheidende Rolle, weil es zuerst gesehen wird. Alle Unterlagen kommen in eine **Bewerbungsmappe:** zuerst das Deckblatt, dann das Anschreiben, dann der Lebenslauf und zum Schluss weitere Unterlagen.

1 **Ordnen Sie die Überschriften den Abschnitten im tabellarischen Lebenslauf zu.**

Praktika • Persönliche Daten • Unterschrift • Hobbys • Schulbildung • Besondere Kenntnisse

Lebenslauf

____

Name:	Yannis Dehaan
Anschrift:	An der Mühle 7
	08739 Berlin
Telefon:	030-23125 989
Mobil:	0172-9973186
E-Mail:	Yannis.Dehaan@beispiel.de
Geburtsdatum/-ort:	27.05.2006 in Berlin
Familienstand:	ledig

____

08/2013 – 07/2017	Grundschule an der Havel
08/2017 – 07/2023	Brandenburger Tor Hauptschule,
voraussichtlich im Sommer 2023	Hauptschulabschluss (Berufsbildungsreife)

____

November 2022 4-wöchiges Praktikum in der Autolackiererei Marker, Berlin

______________________________: MS Office

______________________________: Fußball, Fahrradfahren, Musik

______________________________ *Yannis Dehaan*

2 **Schreiben Sie den folgenden ausformulierten Lebenslauf in einen tabellarischen Lebenslauf um.**

Ausformulierter Lebenslauf

Ich heiße Sara Winkler, bin 17 Jahre alt und wurde am 27.03.2005 in Kiel geboren. Mit 4 Jahren bin ich nach Wuppertal gezogen und mit 6 eingeschult worden. Vor meinem Wechsel auf die Hauptschule bin ich nach Göttingen gezogen und habe dort 6 Jahre die Hauptschule besucht. In der 9. Klasse habe ich ein Praktikum bei meinem Vater im Restaurant absolviert. Ich mache dieses Jahr meinen Hauptschulabschluss. Meine Lieblingsfächer sind Deutsch und Sport. Außerdem koche ich gern und probiere neue Rezepte aus.

3 **Machen Sie sich Notizen zu Ihrem eigenen tabellarischen Lebenslauf.**

Meine Schulbildung	
Meine Hobbys	
Meine Praktika	

4 **Besprechen Sie Ihre Formulierungen für die Bereiche Schulbildung, Hobbys und Praktika.**

5 **Schreiben Sie nun Ihren eigenen tabellarischen Lebenslauf am Computer. Achten Sie auf die Überschriften, das Schriftbild und die Rechtschreibung.**

6 **Lesen Sie das Anschreiben und ordnen Sie schriftlich zu.**

der Empfänger • Ort/Datum • die Unterschrift • der Betreff • die Grußformel • die Textabschnitte • die Anrede • der Absender

Sara Winkler
Baumstr. 8
51789 Göttingen
Mobil: 0174-9091317
E-Mail: Sara-Winkler@beispiel.de

Göttingen, 01.03.20xx

Kurklinik Bad Meeresbergen
Frau Anya Schicker
Meeresberger Landstr. 87
37522 Bad Meeresbergen

Bewerbung um einen Ausbildungsplatz als Fachkraft im Gastgewerbe

Sehr geehrte Frau Schicker,

mit großem Interesse habe ich Ihre Stellenanzeige im Internet auf der Seite des Jobcenters gelesen und bewerbe mich um den Ausbildungsplatz als Fachkraft im Gastgewerbe.

Als Aushilfskraft im Restaurant konnte ich schon Erfahrungen in der Küche und im Service sammeln. Ich habe einfache Speisen zubereitet und Tische eingedeckt und dekoriert. Vor allem der Kontakt zu den Gästen hat mir sehr gut gefallen. Die Arbeit am Wochenende und wechselnde Schichten haben mir keine Schwierigkeiten bereitet.

Derzeit besuche ich die 10. Klasse der Hauptschule in Göttingen. In diesem Sommer werde ich voraussichtlich den Hauptschulabschluss erhalten, mit guten Noten in Deutsch und Mathematik.

Mir bereitet es Freude, im Team zu arbeiten und zu organisieren, weshalb ich mich in der Schule in der Schülervertretung als Schülersprecherin einbringe.

Die Ausbildung würde ich gern bei Ihnen absolvieren, weil Sie als Kurklinik ein breites und interessantes Gebiet im Gastgewerbe abdecken und ich meine ersten beruflichen Erfahrungen im Restaurant erweitern möchte.

Gern stelle ich mich Ihnen persönlich vor und freue mich auf eine Einladung zum Vorstellungsgespräch.

Mit freundlichen Grüßen

Sara Winkler

7 **Vergleichen Sie das Anschreiben von Sara auf Seite 166 mit der Stellenanzeige (Seite 158). Warum würden Sie Sara zu einem Vorstellungsgespräch einladen?**

Ich würde Sara einladen, weil ______________________________

____

8 **Füllen Sie die Lücken. Beziehen Sie sich auf eine Stelle, die Sie interessiert.**

Mein Anschreiben

Mit großem Interesse habe ich Ihre Anzeige gelesen und bewerbe mich hiermit für den Ausbildungsplatz als ______________________________.

Zurzeit besuche ich die Schule ____________________ und werde im Sommer ____________________ voraussichtlich meinen Hauptschulabschluss machen.

Besonders interessieren mich ______________________________.

Während meines Praktikums bei ____________________ habe ich schon Erfahrungen in ______________________________ sammeln dürfen.

Ich arbeite gern im Team, ______________________________ ______________________________ *(Beispiel anführen)*.

Mein Organisationstalent konnte ich schon bei ______________________________ ______________________________ unter Beweis stellen.

Gerne würde ich Sie von meinen Stärken in einem Vorstellungsgespräch überzeugen.

9 **Schreiben Sie nun Ihr eigenes Anschreiben am Computer. Beachten Sie dabei alle Punkte der folgenden Checkliste.**

- ☐ Der Absender mit Telefonnummer und E-Mail ist vollständig.
- ☐ Empfänger und Ansprechpartner sind richtig geschrieben.
- ☐ Ort und aktuelles Datum stehen an der richtigen Stelle.
- ☐ Die Betreffzeile ist gut formuliert.
- ☐ Rechtschreibung und Grammatik wurden kontrolliert und sind fehlerfrei.
- ☐ Die Zeilenabstände, das Schriftbild und die Absätze stimmen.
- ☐ Die Unterschrift ist vorhanden.
- ☐ Es ist konkret beschrieben, warum Sie diese Ausbildung machen wollen.
- ☐ Sie haben begründet, warum Sie zu dem Betrieb passen.
- ☐ Die Bewerbung macht neugierig.

10 Was gehört auf das Deckblatt in einer Bewerbungsmappe?

______________________ ______________________

______________________ ______________________

11 Beurteilen Sie die Fotos. Welches eignet sich für eine Bewerbung?

1

2

3

4

12 Welche Kleidung wählen Sie für das Foto in Ihrer Bewerbung?

____

13 Erstellen Sie am Computer ein Deckblatt für Ihre Bewerbungsmappe.

14 Bringen Sie die Bestandteile einer Bewerbungsmappe in die richtige Reihenfolge.

Zeugnisse • Lebenslauf • Anschreiben • Deckblatt • Praktikumsnachweis

1 ______________________
2 ______________________
3 ______________________
4 ______________________
5 ______________________

15 Drucken Sie Ihr Anschreiben, Ihren Lebenslauf und das Deckblatt aus und sortieren Sie die Unterlagen in der richtigen Reihenfolge in eine Bewerbungsmappe.

49 DIE ONLINE-BEWERBUNG

GUT ZU WISSEN

Inzwischen bevorzugen immer mehr Unternehmen die **Bewerbung online**. Das heißt, Sie müssen entweder Ihre **Bewerbungsunterlagen in PDF-Dateien umwandeln** und per **Mail** schicken oder sie in die dafür vorgesehenen **Bewerbungstools** des Unternehmens hochladen. **Zeugnisse** und **Bescheinigungen** müssen **gescannt** werden, damit Sie sie ebenfalls hochladen können. Ihre **E-Mail-Adresse** sollte seriös sein und aus Ihrem **Vor- und Nachnamen** bestehen. Außerdem ist es wichtig, darauf zu achten, dass **alle Unterlagen** mitgeschickt werden. In der Betreffzeile der E-Mail steht der gleiche Betreff wie im Anschreiben, der Text der **E-Mail informiert kurz** über den Grund des Schreibens und verweist auf die Anhänge. Für E-Mail-Bewerbungen gelten die gleichen Regeln wie für Bewerbungen, die mit der Post verschickt werden.

1 **Erarbeiten Sie zu zweit eine Checkliste: Schreiben Sie auf, worauf Sie achten müssen, wenn Sie die Bewerbung digital versenden.**

Checkliste: Online-Bewerbung	
1.	______________________________
2.	______________________________
3.	______________________________
4.	______________________________
5.	______________________________

2 **Ergänzen Sie die fehlenden Wörter im Text der E-Mail.**

Sehr geehrte Frau Schmucke,

anbei übersende ich Ihnen meine ____________________ für die ausgeschriebene ____________________ zur Fahrzeuglackiererin ab dem 01.08.20xx. In der Anlage befinden sich das ____________________, mein ____________________, meine letzten beiden Schulzeugnisse und ein Praktikumsnachweis. Über eine ____________________ zum Vorstellungsgespräch würde ich mich freuen.

Mit freundlichen Grüßen

Sara Winkler

3 Formulieren Sie eine E-Mail zu Ihrer eigenen Bewerbung (Seite 167).

An	
Betreff	

4 Arbeiten Sie zu zweit. Lesen Sie sich gegenseitig Ihre E-Mail vor und vergleichen Sie Ihre Mail mit der Mustermail von Sara.

5 Manche Unternehmen bieten auf ihrer Homepage Online-Bewerbungsformulare an. Ordnen Sie die Vorteile richtig zu.

Kostenersparnis • schnelle Einschätzung • gute Vergleichbarkeit • Zeitersparnis • Status-Check möglich • schnelle Bearbeitung • man vergisst nichts

Vorteile für den Bewerber / die Bewerberin	Vorteile für das Unternehmen

6 Vergleichen Sie Ihre Ergebnisse. Sprechen Sie über die Vorteile. Was könnte mit Kosten- oder Zeitersparnis alles gemeint sein? Gibt es auch Nachteile?

50 DAS VORSTELLUNGSGESPRÄCH

GUT ZU WISSEN

Eine **Einladung** zum **Vorstellungsgespräch** ist aufregend und ein weiterer großer Schritt in die Ausbildung. Es ist wichtig, den Betrieb **persönlich von sich zu überzeugen.** Deshalb muss ein Vorstellungsgespräch sehr gut **vorbereitet** werden, und zwar **inhaltlich** und **organisatorisch.** Inhaltlich bedeutet, dass Sie sich **ausführlich über den Betrieb informieren,** auf **mögliche Fragen vorbereiten** und sich **selbst vorstellen** können. Organisatorisch heißt, dass Sie Ihre Anfahrt **planen** und die Bereitstellung aller notwendigen **Unterlagen** organisieren.
Besonders wichtig ist der **erste Eindruck,** den Sie vermitteln. Ihr **Erscheinungsbild,** Ihre **Körpersprache, Gestik** und **Mimik** sowie Ihre **Umgangsformen** sind hier gefragt.

1 **Der erste Eindruck zählt. Ordnen Sie zu.**

Kleidung • Blickkontakt • Frisur • Styling • Parfüm • freundliche Ausstrahlung • Mimik und Gestik • Hände und Arme unverschränkt • Hygiene • offener Gesichtsausdruck • Sitzhaltung • Make-up

Erscheinungsbild	Körpersprache

2 **Was ist mit Mimik und Gestik gemeint? Ordnen Sie die passenden Begriffe aus der Tabelle zu und finden Sie weitere Beispiele.**

3 **Elif hat ein Vorstellungsgespräch in einer Tischlerei und Paul bei einem Friseur. Welche Kleidung ist passend? Kreuzen Sie an.**

4 **Ordnen Sie die Kleidungsstücke den verschiedenen Stilen zu. Finden Sie noch weitere Beispiele.**

T-Shirt • Bluse • bequeme Hose • Anzug • Kostüm • Krawatte • unauffällige Jeans

Casual-Stil bedeutet: locker, modisch. Zum Beispiel: ______________________________

____

Business-Casual-Stil bedeutet: sportlich-elegant, modisch-schick, locker-formell. Zum Beispiel:

____

____

Business-Stil bedeutet: professionell, formell, seriös. Zum Beispiel: ____________________

____

5 **Welchen Kleidungsstil würden Sie Paul und Elif empfehlen und warum?**

Ich würde Paul den ______________________ empfehlen, weil ______________

____

Ich würde Elif den ______________________ empfehlen, weil ______________

____

6 **Diskutieren Sie, welcher Stil für welche Berufe geeignet ist. Machen Sie Vorschläge zur passenden Bekleidung im Vorstellungsgespräch.**

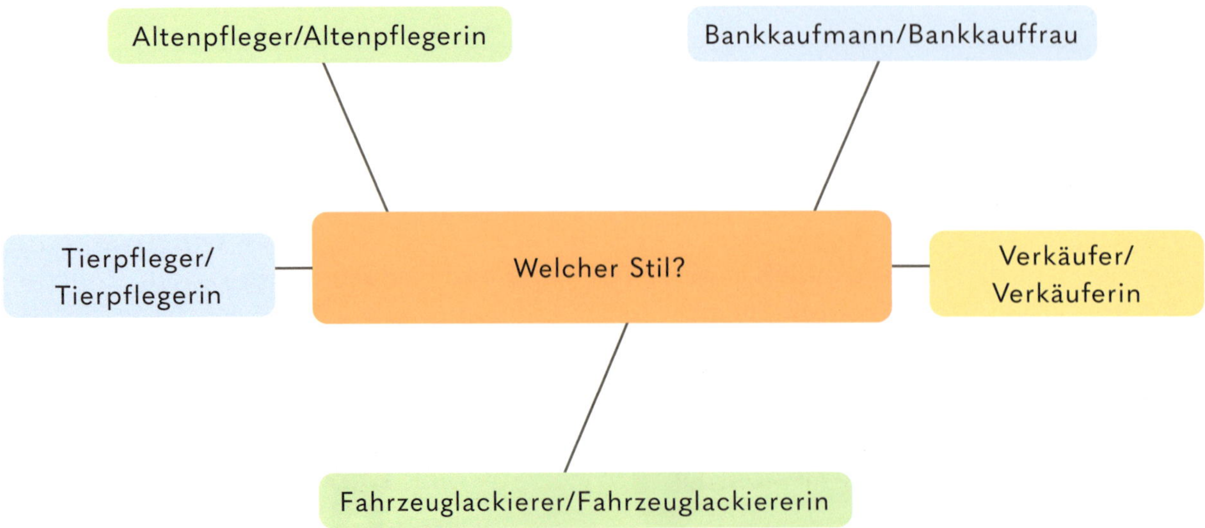

7 Wie läuft das Vorstellungsgespräch ab? Nummerieren Sie in der richtigen Reihenfolge.

- ☐ Sie stellen sich vor und begründen, warum die Stelle zu Ihnen passt.
- ☐ Sie haben die Möglichkeit, Fragen zu stellen.
- ☐ Der Arbeitgeber stellt den Betrieb vor und beschreibt den Ausbildungsplatz.
- ☐ Das Gespräch wird vom Arbeitgeber beendet. Sie verabschieden sich und bedanken sich für das Gespräch.
- ☐ Der Arbeitgeber fragt oder erzählt etwas, um das Gespräch aufzulockern.

8 Hören und lesen Sie, wie Sara sich im Gespräch vorstellt.

Sara stellt sich vor

„Ich heiße Sara Winkler und lebe seit 6 Jahren in Göttingen. Ich bin in Kiel geboren und habe in Wuppertal die Grundschule besucht. In Göttingen besuche ich die Hauptschule und mache dieses Jahr meinen Abschluss. Meine Lieblingsfächer sind Deutsch und Sport.

Ich habe ein Praktikum im Restaurant meines Vaters gemacht und konnte so erste Erfahrungen in der Gastronomie sammeln. Ich habe einfache Speisen zubereitet und Tische eingedeckt und dekoriert. Die Arbeit am Wochenende und wechselnde Schichten haben mir keine Schwierigkeiten bereitet. Vor allem der Kontakt zu den Gästen hat mir sehr gut gefallen.

Ich bewerbe mich bei Ihnen für die Stelle als Fachkraft im Gastgewerbe, weil Sie als Kurklinik ein breites und interessantes Gebiet im Gastgewerbe abdecken. Ich möchte meine ersten beruflichen Erfahrungen in diesem Bereich erweitern. Ich habe folgende Eigenschaften, die meiner Meinung nach gut zu diesem Beruf passen: Ich arbeite sehr gerne im Team und bin gut organisiert. Der Umgang mit Lebensmitteln und der Kontakt mit Menschen interessiert mich und macht mir Spaß. Besonders gut an Ihrem Betrieb gefällt mir die Spezialisierung Ihrer Klinik auf Kuren für Eltern gemeinsam mit ihren Kindern."

9 A Üben Sie Ihre „Vorstellungsrede". Nutzen Sie dazu Ihren Lebenslauf und beziehen Sie sich auf eine konkrete Stellenanzeige.

B Machen Sie eine Audioaufnahme Ihrer „Vorstellungsrede" mit einem Smartphone.

C Spielen Sie sich gegenseitig Ihre Audioaufnahmen vor. Notieren Sie, was Sie an den Vorstellungen gut finden und was Sie verbessern würden. Geben Sie sich gegenseitig Rückmeldung.

10 Beantworten Sie die Fragen, die Ihnen im Vorstellungsgespräch gestellt werden können.

- Was sind Ihre Lieblingsfächer? Warum sind das Ihre Lieblingsfächer?
- Welches Praktikum hat Ihnen besonders gefallen?
- Warum möchten Sie den Beruf erlernen?
- Was sind Ihre Stärken?
- Warum möchten Sie in unseren Betrieb?

11 **Gute Vorbereitung heißt auch, Fragen für das Vorstellungsgespräch vorzubereiten. Setzen Sie die Fragen richtig zusammen.**

Wie sind • die Probezeit? • arbeite ich zusammen? • Wie lange dauert • Urlaub nehmen? • die Aussichten, übernommen zu werden? • jetzt fertig? • Wann darf ich das erste Mal • Mit wem • Sind wir

1 ______________________________

2 ______________________________

3 ______________________________

4 ______________________________

5 ______________________________

12 **Markieren Sie in Aufgabe 11 die Fragen, die Sie stellen dürfen, grün und die, die nicht geeignet sind, rot.**

13 **Tauschen Sie sich über Ihre Ergebnisse aus und notieren Sie weitere Beispiele für geeignete und ungeeignete Fragen im Vorstellungsgespräch.**

14 **Letzter Check vor einem Vorstellungsgespräch: Ergänzen Sie die Sätze.**

informiert • unterwegs • Fragen • begründen • Unterlagen • geduscht • Kleidung • vorstellen • gekämmt • Uhrzeit • Ausbildung • Namen

1 Ich habe mich auf mögliche ______________ vorbereitet und kann mich ______________.

2 Ich habe mich über den Betrieb ______________.

3 Ich weiß, wie lange ich ______________ bin und zu welcher ______________ ich an welcher Adresse sein soll.

4 Ich kenne die ______________ meiner Ansprechpartner im Vorstellungsgespräch.

5 Ich habe alle ______________ bereitgelegt, um sie mitzunehmen.

6 Ich weiß, warum ich mich auf diese ______________ bewerbe, und kann das auch gut ______________.

7 Meine ______________ ist sauber und ordentlich.

8 Ich bin ______________ und ______________.

BEWERBEN: ALLES KLAR?

1 **Finden Sie das Lösungswort. Umlaute sind mit zwei Buchstaben geschrieben. Die Buchstaben in den Farbfeldern ergeben die gesuchte Lösung.**

1 Wenn ich etwas nicht gut kann, dann ist das eine ...

2 Etwas, das ich gut kann, ist eine ...

3 Mein Brief in der Bewerbungsmappe heißt ...

4 Bewegungen von Händen und Armen nennt man ...

5 Ein anderes Wort für Gesichtsausdruck ist ...

6 In meiner Bewerbungsmappe sind ein Deckblatt, ein Anschreiben und ein ...

7 In der Stellenanzeige stellt sich der ... vor.

8 Eine Bewerbung kann telefonisch, schriftlich oder ... erfolgen.

9 Auf ein Bewerbungsgespräch muss ich mich inhaltlich und ... vorbereiten.

10 In der Stellenanzeige stehen die ..., die ich mitbringen muss.

Lösung: __ __ __ __ __ __ D __ __ __ __ P __ __ __ Z

Schätzen Sie sich ein, wenn Sie die Seiten bearbeitet haben.

			Das kann ich gut	Das kann ich	Das kann ich teilweise	Das trainiere ich noch einmal
Mein Wunschberuf	**44**	Meine Interessen und Stärken				
	45	Sich und andere einschätzen				
Meine Bewerbung	**46**	Stellenanzeigen lesen und auswerten				
	47	Die telefonische Bewerbung				
	48	Die schriftliche Bewerbung				
	49	Die Online-Bewerbung				
	50	Das Vorstellungsgespräch				

QUELLENVERZEICHNIS

Textquellenverzeichnis

Texte, die mit einem (*) gekennzeichnet sind, wurden aus didaktischen Gründen verändert und/oder gekürzt.

Erhardt, Heinz: Die polyglotte Katze, S. 110. In: ders.: Der große Heinz Erhardt; Lappan Verlag 2022, S. 39
Gier, Kerstin: Silber. Das erste Buch der Träume (Romananfang), S. 119; S. Fischer, Frankfurt am Main 2013, S. 9 ff. (*)
Huth, Friederike: Plastik im Meer: Die Folgen der Vermüllung für Umwelt und Tiere, S. 65. In: www.peta.de/themen/plastik-muell-im-meer/; PETA Deutschland e.V. 2022 (letzter Aufruf: 18.01.2023) (*)
Kästner, Erich: Sachliche Romanze, S. 113. In: ders.: Lärm im Spiegel. Gedichte. Zürich: Atrium 2014, S. 7; Erstveröffentlichung: Curt Weller & Co., Leipzig 1929
Steinhöfel, Andreas: Die Mitte der Welt (Romananfang), S. 116; Carlsen Verlag, Hamburg 2004, S. 9 f. (*)
Watzlawick, Paul: Die Geschichte mit dem Hammer, S. 49. In: ders.: Anleitung zum Unglücklichsein; Piper Verlag 2015, S. 37–38
Wagner, Mariana: Ringförmige Sonnenfinsternis, S. 59. In: www.geo.de/geolino/natur-und-umwelt/sonnenfinsternis-im-juni--fuer-kinder-erklaert-30557582.html; G+J Medien GmbH 2019 (letzter Aufruf: 18.01.2023) (*)

Unbenannte und unbekannte Autoren
Andere Länder, andere Sitten (Originalbeitrag), S. 33
Artensterben – Zahl der Haie und Rochen in Meeren extrem gesunken, S. 67. In: www.geo.de/natur/tierwelt/23885-rtkl-artensterben-zahl-der-haie-und-rochen-meeren-extrem-gesunken; G+J Medien GmbH 2021 (letzter Aufruf: 18.01.2023) (*)
Ausformulierter Lebenslauf (Originalbeitrag), S. 165
BBiG: § 37 Abschlussprüfung, S. 81. In: www.gesetze-im-internet.de/bbig_2005/__37.html (letzter Aufruf: 18.01.2023) (*)
BBiG: Pflichten der Auszubildenden: § 13 Verhalten während der Berufsausbildung, S. 79. In: www.gesetze-im-internet.de/bbig_2005/__13.html (letzter Aufruf: 18.01.2023) (*)
Bewertungen: Praktikum in der Glasbläserei „Mundart" (Originalbeitrag), S. 96
Brand in der Lagerhalle gelöscht (Originalbeitrag), S. 145
Chancen und Grenzen des Ehrenamts (Originalbeitrag), S. 75
Das Alpaka, S. 62. In: www.geo.de/natur/tierwelt/18412-rtkl-tier-steckbrief-das-alpaka; G+J Medien GmbH o. J. (letzter Aufruf: 18.01.2023) (*)
Das Holi-Fest in Indien (Originalbeitrag), S. 56
Der Motoradführerschein (Originalbeitrag), S. 42 f.
Der Notruf (Originalbeitrag), S. 37
„Dia de los Muertos" (Originalbeitrag), S. 58
Die Termindiskussion (Originalbeitrag), S. 45
Echte Überlebenskünstler: Kamele (Originalbeitrag), S. 64
Ein Tag im Leben von Leonie (Originalbeitrag), S. 12
Klappentext: „Die Mitte der Welt" von Andreas Steinhöfel S. 118; Carlsen Verlag, Hamburg 2004, S. 9 f.
Kommentar (Originalbeitrag), S. 77
Lerchen und Eulen (Originalbeitrag), S. 22
Nicos Ausbildungsplatzsuche: das Telefongespräch (Originalbeitrag), S. 161
Praktikumsberichte (Originalbeitrag), S.105
Sara stellt sich vor (Originalbeitrag), S. 173
Sommer, Sonne – Sonnenbrand? (Originalbeitrag), S. 61
Tariks Praktikum (Originalbeitrag), S. 144
Top 10 der Ausbildungsberufe 2021, S. 151. In: www.destatis.de/DE/Themen/Gesellschaft-Umwelt/Bildung-Forschung-Kultur/Berufliche-Bildung/Tabellen/liste-azubi-rangliste-top20.html#111984 (letzter Aufruf: 18.01.2023)
Winzige Blutsauger, S. 54 f.; dpa 2020 (*)
Zecken krabbeln nach oben, S. 52; dpa 2020 (*)

Bildquellenverzeichnis

Cover Cornelsen/VDL/shutterstock.com/Radachynskyi Serhil; **S. 7** (unten) Cornelsen/Uwe Rogal; **S. 7** (oben) stock.adobe.com/Maridav; **S. 11** stock.adobe.com/Derariad; **S. 12** stock.adobe.com/Bro Vector; **S. 13** stock.adobe.com/yuliaglam; **S. 15** stock.adobe.com/VRD; **S. 18** stock.adobe.com/ileezhun; **S. 19** stock.adobe.com/jamesbin; **S. 22** stock.adobe.com/aldarinho; **S. 24** stock.adobe.com/2009 Werner Münzker/Copyright/Himmelssturm; **S. 27** Shutterstock.com/Prostock-studio; **S. 28** (links) Shutterstock.com/Jiri Miklo; **S. 28** (rechts) Shutterstock.com/Ollyy; **S. 30** Cornelsen/Uwe Rogal; **S. 33** stock.adobe.com/aleutie; **S. 35** Shutterstock.com/Jasen Wright; **S. 37** stock.adobe.com/Zerbor; **S. 43** Shutterstock.com/bazzier; **S. 47** (rechts) stock.adobe.com/Phovoir/auremar; **S. 47** (links) stock.adobe.com/auremar; **S. 49** Shutterstock.com/Eugene Zagatin; **S. 51** Cornelsen/Uwe Rogal; **S. 52** stock.adobe.com/Henrik Larsson; **S. 54** stock.adobe.com/SciePro; **S. 56** stock.adobe.com/andessa; **S. 58** Shutterstock.com/Marish; **S. 59** Cornelsen/Uwe Rogal; **S. 62** stock.adobe.com/Miller Prime Photo; **S. 65** Shutterstock.com/chaiyapruek youprasert; **S. 67** stock.adobe.com/Valerii Evlakhov; **S. 68** dpa Picture-Alliance/dpa-infografik GmbH; **S. 70** dpa Picture-Alliance/dpa-infografik GmbH; **S. 73** stock.adobe.com/Krisztin; **S. 83** Cornelsen/Uwe Rogal; **S. 89** stock.adobe.com/Alexander Limbach; **S. 94** stock.adobe.com/Boris Zerwann/Zerbor; **S. 99** Shutterstock.com/Mascha Tace; **S. 102** Cornelsen/Uwe Rogal; **S. 105** stock.adobe.com/sveta; **S. 110** stock.adobe.com/ByAlice; **S. 117** stock.adobe.com/ronstik; **S. 118** stock.adobe.com/Sonja Birkelbach; **S. 121** stock.adobe.com/Chief Design; **S. 123** Statista.com; **S. 124** stock.adobe.com/scusi; **S. 125** stock.adobe.com/caifas; **S. 132** stock.adobe.com/FotoHelin; **S. 135** stock.adobe.com/Peeradontax; **S. 137** stock.adobe.com/Ilhan Balta; **S. 140** stock.adobe.com/Mono; **S. 142** stock.adobe.com/Trueffelpix; **S. 144** stock.adobe.com/T. Michel; **S. 145** stock.adobe.com/chrupka; **S. 151** stock.adobe.com/guukaa; **S. 154** Shutterstock.com/Roman Samborskyi; **S. 159** stock.adobe.com/scusi; **S. 168** (Mitte rechts) Shutterstock.com/Edler von Rabenstein; **S. 168** (links) stock.adobe.com/Janina_PLD; **S. 168** (unten) stock.adobe.com/Copyright: Klaus Eppele/Klaus Eppele; **S. 168** (Mitte links) Shutterstock.com/damato; **S. 168** (rechts) stock.adobe.com/Daniel Ernst; **S. 171** (rechts) Shutterstock.com/Tom Wang; **S. 171** (links) Shutterstock.com/Josep Curto